I0005112

Máquinas Pensantes

AURORA AMORIS

MÁQUINAS PENSANTES

La IA y el Futuro de la Humanidad

2025

Máquinas Pensantes

Aurora Amoris

Todos los derechos de publicación de este libro pertenecen a CBF Publishing. Salvo extractos que no excedan una página con fines promocionales sin la autorización escrita de la editorial, el libro, total o parcialmente, no podrá publicarse ni reproducirse en ningún medio.

CONTENIDO

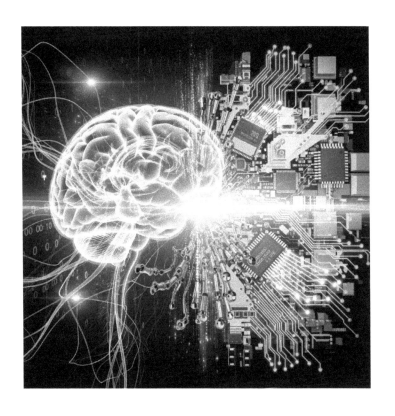

CAPÍTULO 1

¿Qué es la Inteligencia Artificial?

1.1. Definiciones y conceptos básicos

La Inteligencia Artificial (IA) se refiere a la capacidad de una computadora o dispositivo para simular la inteligencia humana o realizar funciones cognitivas similares a las humanas. El objetivo de la IA es permitir que las máquinas realicen tareas como el dominio, la reflexión, la resolución de problemas, la comprensión del lenguaje, la visibilidad e incluso la formulación de preguntas innovadoras. Hoy en día, la IA está desarrollando tecnologías con la capacidad de superar la inteligencia humana en diversos campos.

El término Inteligencia Artificial fue utilizado por primera vez por John McCarthy en 1956, y desde entonces ha evolucionado rápidamente. Las ideas fundamentales de la IA se basan principalmente en los esfuerzos por modelar los procesos de pensamiento humano y dotar a las máquinas de la capacidad de aprender. Con el tiempo, esta tecnología ha avanzado gracias a algoritmos más complejos y estrategias de aprendizaje profundo.

La inteligencia artificial se divide generalmente en tres categorías principales: Inteligencia Artificial Estrecha (ANI), Inteligencia Artificial General (AGI) y Superinteligencia Artificial (ASI). Cada clase define el grado de complejidad y capacidad de la inteligencia artificial.

La Inteligencia Artificial Estrecha (ANI) es un tipo de IA que destaca en tareas específicas, pero se limita a ellas. La mayoría de la tecnología actual se basa en ANI, y estos sistemas suelen resolver solo un problema, como jugar un juego o traducir idiomas.

La Inteligencia Artificial General (IAG), por otro lado, es una IA capaz de desempeñar una gran variedad de funciones, al igual que la inteligencia humana. La IAG puede aprender, adaptarse y responder con flexibilidad a numerosas condiciones. Una máquina con IAG podría tomar decisiones y resolver problemas de forma similar a como lo hacen los humanos, en un espectro más amplio de actividades.

La superinteligencia artificial (ASI) se refiere a un grado de inteligencia que supera con creces las capacidades humanas. La ASI no solo desempeña funciones a nivel humano, sino que también resuelve problemas más complejos que escapan a la inteligencia humana. El desarrollo de la ASI se considera el objetivo final de los estudios de IA, aunque actualmente solo existe en teoría.

El desarrollo de la inteligencia artificial se ha visto impulsado por la creciente capacidad de las máquinas para analizar y adaptarse. Este sistema se sustenta en estrategias como el aprendizaje automático (ML) y el aprendizaje profundo (DL). El aprendizaje automático permite a las computadoras identificar patrones en las estadísticas y realizar predicciones basadas en ellos. El aprendizaje automático incluye métodos de aprendizaje supervisado, no supervisado y de refuerzo.

El aprendizaje profundo es un subcampo del aprendizaje automático que utiliza redes neuronales sintéticas multicapa para analizar estadísticas más complejas. Este aprendizaje ha generado importantes avances en áreas como el reconocimiento de imágenes, el procesamiento del lenguaje natural y los comandos de voz.

La inteligencia artificial no solo es un área clave de avance en ingeniería y tecnología, sino que también genera debates éticos y filosóficos cruciales. A medida que la IA se desarrolla, cuestiones como las estrategias de selección de dispositivos, los derechos humanos, la privacidad, la seguridad y los prejuicios se convierten en preocupaciones cruciales. El desarrollo y el uso de sistemas de IA requieren un conocimiento de estos problemas éticos y sociales.

Otra idea esencial es la diferencia entre la inteligencia humana y la inteligencia artificial. La inteligencia humana se construye con la ayuda de las emociones, la atención y la intuición, mientras que la IA se basa completamente en algoritmos y modelos matemáticos. Los humanos toman decisiones basándose completamente en estados emocionales complejos y contextos sociales, mientras que la IA sigue un enfoque más calculado y lógico.

A pesar del desarrollo de la IA, aún no es capaz de replicar completamente la inteligencia humana. El pensamiento humano incluye elementos profundos como el pensamiento consciente, la empatía y el razonamiento abstracto, que aún no han sido completamente imitados por las estructuras de IA. Sin embargo, los sistemas de IA están avanzando rápidamente y tienen la capacidad de superar la inteligencia humana en ciertas áreas.

La inteligencia artificial es un campo multidisciplinario de la tecnología informática y la ingeniería que evoluciona rápidamente y tiene el potencial de impactar profundamente la existencia humana. Tanto los avances tecnológicos como los resultados sociales hacen de la IA uno de los temas más cruciales del futuro.

1.2. Tipos de inteligencia artificial

La inteligencia artificial (IA) puede clasificarse en varios tipos según su capacidad, funcionalidad y alcance. Estas clasificaciones sirven como marco para comprender los distintos niveles de inteligencia que exhiben las estructuras de IA y su capacidad para realizar tareas que van desde la automatización simple hasta la toma de decisiones complejas. En general, la IA se puede dividir en tres clases: inteligencia artificial estrecha (ANI), inteligencia artificial general (AGI) y superinteligencia artificial (ASI). Cada tipo representa un nivel excepcional de desarrollo de la IA, con capacidades y limitaciones específicas.

La Inteligencia Artificial Estrecha, también conocida como IA Débil, se refiere a sistemas de IA diseñados para realizar tareas precisas con un alto grado de eficiencia, pero con limitaciones que van más allá de ese limitado alcance. La IA es la forma más común de IA en uso hoy en día y se encuentra en numerosos programas, como asistentes de voz, software de reconocimiento de imágenes, sistemas de asesoramiento y vehículos autónomos. Estos sistemas de IA están programados para sobresalir en una sola función, ya sea jugar al ajedrez, diagnosticar afecciones médicas o procesar lenguaje natural.

Las estructuras ANI operan dentro de parámetros predefinidos, basándose en algoritmos y grandes cantidades de datos para realizar sus funciones. No tienen la capacidad de evolucionar a nuevas funciones más allá de su diseño, lo que las hace altamente especializadas, pero con un alcance esencialmente limitado. Por ejemplo, una IA entrenada para reconocer rostros puede hacerlo con gran precisión, pero no podrá realizar tareas no relacionadas con el reconocimiento facial, como traducir idiomas o conducir un vehículo.

La característica principal de la ANI es su pérdida de atención, autoconciencia o conocimiento más allá de sus competencias programadas. Si bien la ANI puede simular inteligencia en áreas específicas, no posee capacidades de razonamiento estándar ni la capacidad de comprender el entorno de forma holística. A pesar de esto, los sistemas ANI han demostrado ser bastante potentes y continúan expandiéndose en diversas industrias, automatizando estrategias y mejorando la productividad.

La Inteligencia Artificial General, comúnmente llamada IA Fuerte, representa un nivel superior de inteligencia artificial cuyo objetivo es emular las competencias cognitivas humanas. A diferencia de la IA, que se limita a tareas específicas, la IAG posee la capacidad de comprender, analizar y aplicar conocimientos en una amplia gama de dominios. Los sistemas de IAG están diseñados para generar, resolver problemas y adaptarse a nuevas situaciones de forma muy similar a como lo hacen los humanos.

Una máquina con IA es capaz de realizar cualquier tarea intelectual que una persona pueda realizar. Podría aprender nuevas habilidades sin estar programada explícitamente para cada una, comprender patrones en contextos inusuales y transferir la comprensión de un dominio a otro. Por ejemplo, una IA podría no solo comprender rostros o el lenguaje, sino también comprender principios abstractos, pensar con seriedad y tomar decisiones basadas en razonamientos complejos.

La característica distintiva clave de la IA general es su versatilidad. Mientras que la IA se limita a asumir responsabilidades específicas, la IA general puede abarcar un par de dominios y mostrar capacidades generales de resolución de problemas. Si bien los sistemas de IA general son teóricos y aún no se han descubierto, representan la próxima frontera en los estudios de IA. El desarrollo de la IA general podría marcar un hito transformador, ya que crearía máquinas con competencias cognitivas similares a las de los seres humanos, transformando potencialmente las industrias, la sociedad e incluso nuestra comprensión del conocimiento.

La superinteligencia artificial (ISA) se refiere a una forma hipotética de IA que supera la inteligencia humana en prácticamente todos los aspectos, como la creatividad, la resolución de problemas, la toma de decisiones y la inteligencia emocional. Es posible que la ISA no solo supere a los humanos en tareas específicas, sino que también tenga la capacidad de pensar de forma abstracta, posea habilidades de razonamiento superiores y tome decisiones de maneras que los seres humanos no pueden comprender.

La idea de la IEA se basa en el concepto de que cuando la IA alcance el nivel de la IAG, podrá mejorar sus propias capacidades a un ritmo acelerado, superando tarde o temprano la inteligencia humana. La IEA podría revolucionar todas las disciplinas, desde la medicina y la exploración espacial hasta la economía y el arte. La velocidad con la que la IEA podría resolver problemas globales complejos, como el cambio climático, las pandemias y la desigualdad económica, es una de las perspectivas más prometedoras para su desarrollo.

Sin embargo, la ASI también plantea considerables preocupaciones y dilemas éticos. La potencia y la autonomía de un dispositivo ASI probablemente superarían con creces la de los tomadores de decisiones humanos, lo que conllevaría posibles riesgos de uso indebido, problemas de manipulación y consecuencias inesperadas. Dado que la ASI podría ser capaz de pensar y actuar con mayor inteligencia que las personas, su impacto en la sociedad dependería de su alineamiento con los valores humanos, las consideraciones éticas y los marcos regulatorios. El desarrollo de la ASI es un tema de debate continuo, y algunos expertos enfatizan la importancia de la cautela y una supervisión rigurosa para garantizar que su desarrollo sea beneficioso y no represente riesgos existenciales.

Además de las principales clases de ANI, AGI y ASI, las estructuras de IA también pueden clasificarse según sus funcionalidades. Estas clasificaciones se centran en la capacidad de la IA para interactuar con su entorno, tomar decisiones y aprender de experiencias externas. Dos subcategorías principales son las máquinas reactivas y la IA de memoria limitada.

Las máquinas reactivas son sistemas de IA que pueden responder a estímulos o entradas precisas de forma predefinida, pero que no conservan la memoria de interacciones pasadas. Estas máquinas no se basan en estudios previos ni pueden mejorar su rendimiento con el paso del tiempo. Se suelen utilizar en situaciones donde se requieren movimientos constantes y repetibles, como en sistemas de automatización básica o en ciertos aspectos de la robótica.

Sin embargo, los sistemas de IA de memoria limitada están diseñados para almacenar y utilizar registros históricos para determinar decisiones futuras. Estos sistemas de IA son capaces de aprender de los registros y, en consecuencia, ajustar su comportamiento. Por ejemplo, los algoritmos de aprendizaje automático que mejoran con el tiempo mediante la lectura de registros anteriores se consideran sistemas de IA de memoria limitada.

La inteligencia artificial se puede clasificar en diversos tipos según su funcionalidad, desde la inteligencia simple y limitada, especializada en tareas precisas, hasta la inteligencia conocida, más amplia y adaptable, que busca emular la cognición humana. La superinteligencia, incluso en teoría, ofrece una visión de máquinas que superan las capacidades humanas, lo que genera debates sobre sus riesgos y beneficios potenciales. El desarrollo continuo de la IA en todos estos tipos continúa transformando las industrias, las sociedades y nuestra comprensión de la inteligencia misma. A medida que la IA se adapta, es probable que su tipo adquiera aún más matices, reflejando la creciente complejidad de los sistemas en desarrollo.

1.3. Diferencias entre la inteligencia humana y la inteligencia artificial

La comparación entre la inteligencia humana y la inteligencia artificial (IA) ha sido un tema crucial en el desarrollo de la tecnología de IA y el estudio de la ciencia cognitiva. Si bien tanto la inteligencia humana como la artificial son capaces de desempeñar funciones relacionadas con el conocimiento, el razonamiento, la resolución de problemas y la toma de decisiones, existen diferencias significativas en cómo cada tipo de inteligencia funciona, procesa datos y se adapta al entorno. Estas diferencias se derivan de la naturaleza de la cognición, el reconocimiento y las emociones humanas, y del estado actual de las tecnologías de IA.

Una de las distinciones más profundas entre la inteligencia humana y la IA reside en la naturaleza misma de la percepción. La inteligencia humana no se limita a procesar estadísticas; está profundamente entrelazada con las emociones, los estudios subjetivos y la conciencia. Los humanos piensan no solo de forma lógica, sino también intuitiva, utilizando las emociones y una amplia gama de información sensorial para guiar la toma de decisiones. La conciencia, o la capacidad de ser consciente de uno mismo y reflexionar sobre los propios pensamientos y acciones, es un factor clave de la inteligencia humana. Los humanos pueden reflexionar sobre ideas abstractas, incluido el significado de la vida, y tomar decisiones basadas en complejos factores sociales, morales y emocionales.

En contraste, la inteligencia artificial, al menos en su forma moderna, carece de consciencia. Los sistemas de IA procesan estadísticas basándose exclusivamente en algoritmos y patrones estadísticos predefinidos, pero carecen de autoconocimiento y sensibilidad. No son conscientes de su estilo de vida ni pueden introspectar. Si bien la IA puede simular comportamientos que parecen inteligentes, como detectar objetos, usar lenguaje de señas o jugar videojuegos, lo hace sin ninguna experiencia subjetiva subyacente. La IA opera solo a nivel funcional, ejecutando instrucciones basadas en datos sin contexto emocional ni ético.

La inteligencia humana se caracteriza por la capacidad de analizar la experiencia de forma flexible y contextualizada. Los seres humanos pueden aprender mediante la observación, el ensayo y el error, la interacción social y la intuición, y se adaptan rápidamente a nuevas circunstancias, a menudo basándose en el sentido común y el razonamiento. El aprendizaje humano también está profundamente motivado por el uso de contextos sociales y culturales, que determinan cómo los individuos interpretan y responden al mundo que los rodea.

En evaluación, la IA, especialmente en su forma actual, aprende de forma más dependiente, generalmente mediante técnicas como el aprendizaje automático y el aprendizaje profundo. Estos procesos implican alimentar grandes cantidades de datos a algoritmos, que luego localizan patrones y realizan predicciones. Si bien los sistemas de IA pueden investigar y mejorar con el tiempo, su aprendizaje suele limitarse a las tareas específicas para las que están capacitados. La IA puede tener dificultades para transferir información a través de dominios extraordinarios: lo que se aprende en un contexto no se aplica fácilmente a otro, a menos que se programe o reentrene explícitamente. Por ejemplo, una IA entrenada para jugar al ajedrez no podrá aplicar su aprendizaje a tareas como el procesamiento del lenguaje natural o los vehículos autónomos sin entrenamiento adicional.

Además, el estudio de la IA a menudo carece de la profundidad del aprendizaje humano. Si bien las estructuras de IA pueden superar a los seres humanos en tareas que implican grandes cantidades de datos, como la identificación de patrones en imágenes científicas o la práctica de videojuegos, no poseen el mismo nivel de creatividad, intuición o capacidad de resolución de problemas que los seres humanos demuestran en escenarios más complejos y globales. La IA suele destacar en dominios específicos y especializados, pero tiene dificultades con tareas que requieren un amplio conocimiento o juicio contextual.

La inteligencia humana se distingue por su capacidad para resolver problemas complejos y su creatividad. Los seres humanos pueden abordar los problemas desde múltiples perspectivas, pensar de forma abstracta y ofrecer soluciones innovadoras incluso en situaciones inesperadas. Pueden resolver problemas combinando el buen juicio con la intuición y la emoción, tomando decisiones basadas en estudios personales, valores y principios éticos. La creatividad humana permite la generación de nuevas ideas, la expresión creativa y el descubrimiento de tecnologías nunca antes existentes.

La IA, por otro lado, normalmente se limita a resolver problemas dentro de parámetros bien definidos. Si bien puede ser entrenada para realizar tareas precisas de resolución de problemas, lo hace basándose en estadísticas y algoritmos en lugar de la creatividad o el instinto. Por ejemplo, la IA puede generar nuevas obras de arte o música basándose en patrones de obras existentes, pero no "crea" de la misma manera que las personas, ya que carece de una percepción subjetiva de la noción o la causa. El contenido generado por la IA es, en gran medida, una recombinación o variación de patrones previamente encontrados, en lugar del resultado de cuestionamientos modernos o procesos de noción auténticos.

En campos como los estudios clínicos, la IA puede ayudar a descubrir nuevas respuestas, como la identificación de patrones en registros biológicos o la simulación de reacciones químicas. Sin embargo, la capacidad de generar hipótesis o desarrollar teorías completamente nuevas sigue siendo un rasgo exclusivamente humano. La capacidad de la IA para resolver problemas se basa principalmente en la información a la que tiene acceso y en los algoritmos que emplea, a la vez que la resolución de problemas humanos conlleva una amplia gama de preocupaciones emocionales, sociales y éticas que la IA no puede reflejar.

Otra diferencia significativa entre la inteligencia humana y la IA es la inteligencia emocional y social. Los seres humanos estamos profundamente influenciados por las emociones, y estas desempeñan un papel fundamental en la toma de decisiones, las relaciones y las interacciones sociales. Los seres humanos somos capaces de sentir empatía, comprender los estados emocionales de los demás y, en consecuencia, adaptar nuestro comportamiento. La inteligencia social nos permite desenvolvernos en dinámicas sociales complejas, resolver conflictos y construir relaciones basadas en el consenso y la cooperación.

Si bien los sistemas de IA pueden simular factores de la expresión emocional humana, como responder al tono de voz o a las expresiones faciales, no comprenden ni experimentan sentimientos de verdad. La IA puede ser capaz de comprender emociones en textos o discursos y responder en consecuencia; sin embargo, se trata de una respuesta programada, no de una respuesta emocional real. La IA no percibe la alegría, la decepción, el miedo ni la compasión, y su comprensión de las dinámicas sociales se limita a los patrones que ha sido entrenada para comprender.

Esta pérdida de inteligencia emocional y social impide que los sistemas de IA interactúen en relaciones humanas auténticas ni tomen decisiones que tengan en cuenta las emociones humanas de la misma manera que los seres humanos. Si bien la IA puede ser beneficiosa al proporcionar análisis objetivos o al actuar con base en la lógica, carece de la experiencia matizada del comportamiento humano que se deriva de la experiencia vivida y la inteligencia emocional.

Los seres humanos son capaces de tomar decisiones éticas y morales basadas principalmente en estándares, valores y normas sociales. La moralidad humana se moldea frecuentemente con la ayuda de la subcultura, la religión, la crianza y los informes personales. Estos marcos morales guían las decisiones humanas, especialmente en situaciones complejas donde deben sopesarse múltiples consideraciones, como la equidad, la justicia y la compasión. Los seres humanos también pueden participar en el razonamiento ético, considerando las consecuencias a largo plazo de sus acciones y emitiendo juicios basados principalmente en su conocimiento de lo correcto y lo incorrecto.

Sin embargo, la IA no siempre está intrínsecamente preparada para el razonamiento moral. Si bien las estructuras de IA pueden programarse para cumplir con los principios éticos, sus estrategias de toma de decisiones se basan completamente en algoritmos y datos. Por ejemplo, los coches autónomos pueden programarse para priorizar la seguridad de los pasajeros, pero carecen del razonamiento moral necesario para tomar decisiones basadas principalmente en la empatía o en las preocupaciones éticas humanas en condiciones impredecibles. Los dilemas éticos que rodean a la IA incluyen debates sobre cómo usar las máquinas para tomar decisiones que se alineen con los valores humanos, especialmente en situaciones de vida o muerte o en situaciones donde intervienen intereses contrapuestos.

La IA es, en última instancia, una herramienta creada por humanos, y su marco moral depende de cómo estos decidan diseñarla y utilizarla. El debate sobre la IA y la ética pone de relieve la dificultad de garantizar que los sistemas de IA funcionen de forma veraz, transparente y acorde con las normas sociales.

Si bien la IA y la inteligencia humana comparten ciertas similitudes en cuanto al procesamiento de datos y la realización de tareas, las diferencias entre ellas son profundas. La inteligencia humana es multifacética y está relacionada con la conciencia, las emociones, la creatividad, las interacciones sociales y el razonamiento ético. La IA, en cambio, opera dentro de un ámbito limitado, descrito mediante algoritmos y estadísticas, sin autoatención, emociones ni experiencia ética. A medida que la era de la IA se adapta, la brecha entre ambas podría reducirse en algunas áreas, pero las diferencias esenciales en la naturaleza del pensamiento y el disfrute probablemente seguirán siendo una característica definitoria de la cognición humana.

1.4. Panorama histórico del desarrollo de la IA

El desarrollo de la inteligencia artificial es la historia de la imaginación humana en colisión con la precisión matemática, el ingenio computacional y la indagación filosófica. Desde sus raíces mitológicas y conceptuales hasta las redes neuronales avanzadas del siglo XXI, la IA ha avanzado a través de una cadena de ideas visionarias, fundamentos teóricos, implementaciones experimentales y avances que han transformado paradigmas. Rastrear sus registros no solo muestra los hitos del logro tecnológico, sino que también arroja luz sobre los temas habituales del optimismo, el escepticismo y la constante redefinición de lo que significa realmente la inteligencia.

Las raíces más antiguas de la inteligencia artificial ya no se encuentran en el código ni en el silicio, sino en mitos y leyendas. La mitología griega antigua habla de Talos, un autómata de bronce construido con la ayuda de Hefesto para proteger la isla de Creta. En la leyenda china, Yan Shi creó una figura humanoide para el rey Mu, supuestamente capaz de caminar y cantar. Estos recuerdos revelan una fascinación duradera por el desarrollo de seres artificiales, lo que refleja la preferencia de la humanidad por dotar a la confianza de pensamiento y movimiento.

En la Edad de Oro islámica, eruditos como Al-Jazari diseñaron dispositivos mecánicos que imitaban el comportamiento humano o animal. Su "Libro del conocimiento de ingeniosos dispositivos mecánicos" (1206) abarcó relojes de agua y autómatas que utilizaban engranajes y estructuras hidráulicas, demostrando que el comportamiento programable, similar al de los dispositivos, era viable siglos antes que las computadoras electrónicas.

Filósofos como René Descartes y Thomas Hobbes, en el siglo XVII, sentaron las bases para considerar el pensamiento humano como un sistema mecánico. Descartes consideraba a los animales como autómatas, mientras que Hobbes declaró célebremente que «la causa no es más que cálculo», anticipando la perspectiva computacional de la cognición.

El siglo XIX proporcionó la infraestructura matemática vital para la IA. El sentido común formal de George Boole y la lógica simbólica de Gottlob Frege se han vuelto cruciales para el razonamiento de la información como proceso simbólico. Charles Babbage, a menudo considerado el padre de la computadora, y Ada Lovelace, la primera programadora del mundo, propusieron máquinas programables capaces de manipular símbolos más allá de los números, una idea que alimenta directamente las tendencias de la IA simbólica del siglo XX.

El salto definitivo hacia la teoría computacional llegó con Alan Turing. En 1936, Turing formuló la idea de la máquina de Turing, una construcción teórica capaz de realizar cualquier cálculo. Su artículo de 1950, "Maquinaria computacional e inteligencia", presentó el Test de Turing, que se convirtió en una medida filosófica y práctica fundamental de la inteligencia artificial. Turing no solo consideró la IA como una posibilidad, sino que la abordó como una consecuencia inevitable del poder computacional y el desarrollo del conocimiento.

La Segunda Guerra Mundial impulsó el desarrollo de las primeras máquinas de computación, como ENIAC y Colossus, utilizadas para descifrar códigos y realizar cálculos balísticos. Estas grandes máquinas sentaron las bases para las máquinas astutas, demostrando que los dispositivos electrónicos podían procesar comandos complejos.

La inteligencia artificial, como disciplina científica propiamente dicha, surgió a mediados del siglo XX. La Conferencia de Dartmouth de 1956, organizada por John McCarthy, Marvin Minsky, Nathaniel Rochester y Claude Shannon, se considera ampliamente el inicio de la IA. McCarthy acuñó el término "inteligencia artificial" y la institución propuso con audacia que "cada componente del aprendizaje o cualquier otra característica de la inteligencia puede, en principio, definirse con tanta precisión que una máquina puede simularlo".

Esta era, comúnmente denominada el período de la IA clásica o simbólica, se centró en el uso del sentido común formal y las reglas simbólicas para simular el razonamiento. Programas como Logic Theorist (1956), de Allen Newell y Herbert A. Simon, debían demostrar teoremas matemáticos, mientras que ELIZA (1964-1966), una de las primeras máquinas de procesamiento del lenguaje natural de Joseph Weizenbaum, imitaba a un psicoterapeuta rogeriano.

En este nivel, la investigación sobre IA se llenó de optimismo. Muchos creían que la inteligencia artificial popular, comparable a la humana, estaba a solo una década de distancia. El gobierno y el ejército estadounidenses invirtieron a gran escala en laboratorios de IA en el MIT, Stanford y Carnegie Mellon.

La realidad, sin embargo, demostró ser más terca. Las primeras estructuras de IA podían resolver problemas basados en la lógica, pero fracasaron estrepitosamente al enfrentarse a las anomalías y matices de los entornos reales. Los programas debían jugar al ajedrez o resolver acertijos, pero no podían reconocer rostros, comprender el habla en entornos ruidosos ni traducir el lenguaje con precisión contextual.

El cuello de botella en la experiencia se hizo evidente: los sistemas de IA simbólica requerían cantidades masivas de reglas codificadas manualmente, que eran frágiles y exclusivas del dominio. Además, el hardware computacional ya no era lo suficientemente potente como para soportar modelos dinámicos más complejos.

La desilusión se instaló. El Informe Lighthill en el Reino Unido (1973) y una reducción en la financiación estadounidense llevaron al primer invierno de la IA, un período de menor interés, inversión y desarrollo en el campo.

La IA recuperó impulso en la década de 1980 gracias al desarrollo de estructuras expertas: programas que imitaban la capacidad de toma de decisiones de los profesionales humanos. MYCIN, una de las primeras máquinas expertas desarrollada en Stanford, podría diagnosticar infecciones bacterianas y proponer antibióticos con gran precisión. Estas estructuras utilizaban juicios basados en reglas y motores de inferencia para tomar decisiones, y demostraron ser comercialmente viables en ámbitos como el diagnóstico clínico, la exploración minera y la previsión financiera.

Este resurgimiento de la afición provocó una inversión industrial a gran escala. El proyecto japonés de Sistemas Informáticos de 50.ª Generación tenía como objetivo crear máquinas inteligentes mediante programación lógica y procesamiento paralelo, y los países occidentales respondieron con una financiación renovada.

Sin embargo, las estructuras profesionales adolecieron de problemas de escalabilidad. Al igual que la IA simbólica anterior, resultaron difíciles de mantener y adaptar. A medida que la complejidad del mundo real aumentó, estas estructuras se volvieron rígidas y propensas a errores. A finales de la década de 1980, la IA entró de nuevo en un período de escepticismo: el segundo invierno de la IA.

De las cenizas de la IA simbólica surgió un nuevo paradigma: el aprendizaje automático. En lugar de codificar la inteligencia artificial con políticas lógicas, los investigadores comenzaron a diseñar algoritmos capaces de aprender de los datos. Este cambio fue posible, en parte, gracias al aumento de la capacidad computacional y a la disponibilidad de grandes conjuntos de datos.

Las técnicas clave protegieron la madera de decisión, las máquinas de vectores de asistencia y las redes bayesianas. Quizás lo más importante sea que las redes neuronales, inspiradas en la forma del cerebro, comenzaron a mostrarse prometedoras tras haber sido prácticamente ignoradas durante años. Si bien las primeras redes neuronales (como los perceptrones) presentaban limitaciones, el desarrollo de la retropropagación en la década de 1980 permitió que las redes multicapa estudiaran patrones más complejos.

Durante este tiempo, la IA hizo avances silenciosos pero enormes en áreas como:

• Reconocimiento óptico de personas (OCR)

• Filtrado de spam

• Estructuras de recomendación

• Puntuación crediticia

Aunque la IA ya no es algo del ojo público, se está integrando en aplicaciones habituales.

La auténtica explosión de la IA en la conciencia pública se produjo con el auge del aprendizaje profundo, un subcampo del aprendizaje automático que utiliza redes neuronales profundas con múltiples capas. Esto fue impulsado por:

• Grandes cantidades de estadísticas de la red y sensores

• GPU asequibles y de alto rendimiento

• Innovaciones en estructura y algoritmos de optimización

En 2012, AlexNet, una red neuronal convolucional desarrollada por Alex Krizhevsky, superó con creces los métodos convencionales de visión artificial en la competencia ImageNet. Esto marcó el inicio de una nueva era dorada de la IA.

Los avances se sucedieron rápidamente:

• AlphaGo (DeepMind, 2016) derrotó a los campeones internacionales de Go mediante el aprendizaje de refuerzo profundo.

• GPT-2 y GPT-3 (OpenAI, 2019-2020) establecieron habilidades notables en la era del lenguaje.

• BERT (Google, 2018) convirtió información en lenguaje natural.

• DALL-E, Stable Diffusion y CLIP abrieron la puerta a las imágenes generadas por IA.

• ChatGPT (OpenAI, 2022) agregó IA conversacional a millones de dedos.

Industrias como la salud, la logística, el ocio y el derecho comenzaron a integrar sistemas basados en aprendizaje profundo. Los motores autónomos, los asistentes de voz, el diagnóstico por imagen clínica, el modelado financiero y la creación de contenido se transformaron.

La década de 2020 presenció el auge de los modelos básicos: grandes modelos capacitados con datos de uso común, como GPT-4 de OpenAI, Gemini de Google DeepMind y Claude de Anthropic. Estos modelos muestran capacidades emergentes: realizan tareas para las que no han sido entrenados explícitamente, desde la programación hasta la composición musical.

Al mismo tiempo, los problemas han aumentado. Cuestiones como el sesgo, la información incorrecta, la alineación con la IA y la amenaza existencial han ocupado un lugar central en los debates académicos y políticos. Los gobiernos se apresuran a redactar normas sobre IA. La Ley de IA de la Unión Europea, las órdenes ejecutivas de EE. UU. y las cumbres mundiales, como la Cumbre de Seguridad de la IA del Reino Unido, reflejan la creciente sensación de que la IA ya no es solo una herramienta, sino una fuerza que configura las sociedades, las economías y la geopolítica.

Los registros de la IA no representan una dirección inmediata, sino un panorama complejo de ambición, fracaso, reinvención y aceleración. Desde mitos históricos hasta procesadores cuánticos, desde teoremas basados en el buen juicio hasta arquitecturas transformadoras, el desarrollo de la IA refleja la incansable búsqueda de la humanidad por comprender y replicar la inteligencia. Mientras nos encontramos en la frontera de la inteligencia artificial moderna, los registros de la IA nos recuerdan no solo lo lejos que hemos llegado, sino también lo entrelazados que están nuestros objetivos tecnológicos con nuestras preguntas filosóficas más profundas.

1.5. Tecnologías clave que impulsan la IA (p. ej., aprendizaje automático, aprendizaje profundo)

La inteligencia artificial no es siempre una tecnología singular, sino un entorno de conceptos científicos, algoritmos y arquitecturas computacionales interdependientes que, en conjunto, permiten a las máquinas emular o incluso superar aspectos de la inteligencia humana. La transformación de la IA, de una idea teórica a una fuerza práctica, ha sido impulsada por una constelación de mejoras tecnológicas, cada una basada en las demás para crear una base sólida. Entre ellas, el aprendizaje automático y el aprendizaje profundo destacan como pilares fundamentales, pero se acompañan de avances igualmente importantes en el procesamiento de datos, la arquitectura de redes neuronales, la aceleración de hardware, el conocimiento del lenguaje natural y otros. Comprender las tecnologías que impulsan la IA es fundamental para comprender sus capacidades actuales y anticipar su trayectoria futura.

El aprendizaje automático (ML) es la tecnología clave que ha transformado la IA de estructuras simbólicas de buen juicio a sistemas adaptativos basados en datos. A diferencia de la programación tradicional, donde las instrucciones se codifican explícitamente, el aprendizaje automático permite a las estructuras deducir patrones y políticas directamente de los datos. En el aprendizaje supervisado, los algoritmos se entrenan con conjuntos de datos categorizados, lo que permite tareas como la clasificación de imágenes, la detección de correo basura o la predicción de impagos. El aprendizaje no supervisado, en cambio, descubre estructuras en datos no etiquetados, lo que lo hace útil para la agrupación, la detección de anomalías y la reducción de la dimensionalidad. El aprendizaje por refuerzo introduce un modelo basado en agentes en el que las estructuras aprenden los comportamientos más efectivos mediante ensayo y error, guiados por recompensas, allanando el camino para programas como la robótica y las apuestas estratégicas.

Entre todos los paradigmas del aprendizaje automático (ML), el aprendizaje profundo representa el mayor avance en los últimos años. Inspirado en la estructura estratificada del cerebro humano, el aprendizaje profundo se basa en redes neuronales artificiales con dos capas —de ahí el término "profundo"— para aprender representaciones jerárquicas de la información. Las redes neuronales profundas (DNN) han revolucionado campos como la visión artificial, donde predominan las redes neuronales convolucionales (CNN); el procesamiento del lenguaje natural, donde las redes neuronales recurrentes (RNN), la memoria a largo plazo (LSTM) y, más recientemente, modelos basados en transformadores como BERT y GPT han redefinido la comunicación entre humanos y sistemas. El aprendizaje profundo destaca porque puede extraer automáticamente características de datos sin procesar, eliminando la necesidad de ingeniería de funciones manuales y permitiendo que los modelos capturen patrones más complejos y abstractos.

Los transformadores, incluidos en el artículo de 2017 "Attention is All You Need", se han convertido, sin duda, en la columna vertebral de la IA de vanguardia. Estos modelos utilizan mecanismos de autoatención para procesar secuencias completas simultáneamente, en lugar de paso a paso, lo que permite una paralelización y una experiencia contextual mucho mayores. Los transformadores son la base de los nuevos modelos de lenguajes grandes (LLM), como GPT-4, que pueden generar texto coherente, traducir idiomas, escribir código o incluso demostrar capacidades de razonamiento similares a la inteligencia artificial. La arquitectura de los transformadores también se ha extendido a la visión artificial con modelos como Vision Transformer (ViT), unificando aún más la IA en todas sus modalidades.

La clave para el éxito del aprendizaje automático y el aprendizaje profundo reside en la proliferación de datos y la infraestructura necesaria para gestionarlos. La era digital ha generado enormes cantidades de datos, tanto estructurados como no estructurados, desde fuentes de sensores y redes sociales hasta imágenes biomédicas y transacciones financieras. Conjuntos de datos de alta calidad como ImageNet, Common Crawler y Wikipedia se han convertido en la base de aprendizaje para las estructuras de IA. Al mismo tiempo, tecnologías de la información de gran tamaño como Apache Hadoop y Spark han hecho posible la gestión y manipulación de estos datos a escala. Sin datos, el aprendizaje es imposible; por consiguiente, la ingeniería de datos y la curación de datos se han convertido en factores fundamentales del desarrollo de la IA.

El papel de la aceleración de hardware es fundamental. El entrenamiento de redes neuronales profundas es computacionalmente costoso, y a menudo requiere miles de millones de operaciones matriciales en grandes conjuntos de datos. Las unidades de procesamiento gráfico (GPU), diseñadas inicialmente para renderizar imágenes, demostraron ser muy adecuadas para paralelizar dichos cálculos. Empresas como NVIDIA diseñaron GPU a medida para el aprendizaje profundo, al mismo tiempo que Google desarrolló la unidad de procesamiento tensorial (TPU), un ASIC (circuito integrado de aplicación específica) diseñado desde cero para cargas de trabajo de IA. Más recientemente, se han creado chips de IA secundarios para ejecutar inferencias en dispositivos con energía limitada, como smartphones, sensores del IoT y drones autónomos.

Otro aspecto crucial es el procesamiento del lenguaje natural (PLN), que ha avanzado enormemente hacia el dominio profundo y los transformadores. Las estructuras tradicionales de PLN basadas en reglas presentaban dificultades con la ambigüedad, los modismos y el contexto. Sin embargo, los modelos de IA actuales pueden comprender sentimientos, resumir textos, generar ensayos coherentes, responder preguntas con contexto e incluso gestionar diálogos multi-turno. Tecnologías como la incrustación de palabras (p. ej., Word2Vec, GloVe) sentaron las bases de la experiencia contextual al representar palabras como vectores en un espacio de alta dimensión. Los transformadores impulsaron esto de forma similar mediante el modelado de secuencias completas y sus interdependencias, alcanzando niveles de fluidez y comprensión que antes se creían lejanos.

En el ámbito de la visión artificial, las redes neuronales convolucionales han alcanzado un rendimiento excepcional en tareas como la clasificación de fotografías, la detección de objetos, el reconocimiento facial y el conocimiento de escenas.

ImageNet, un conjunto de datos de referencia con más de 14 millones de píxeles clasificados, impulsó este desarrollo. El desarrollo de modelos de visión profunda ha permitido el desarrollo de aplicaciones que abarcan desde vehículos autónomos y diagnósticos científicos hasta imágenes satelitales y realidad aumentada.

El aprendizaje por refuerzo (RL) también desempeña un papel importante en el panorama de la IA. En el RL, los minoristas aprenden interactuando con el entorno y optimizando su comportamiento basándose en la retroalimentación. El RL ha sido fundamental para entrenar sistemas de IA para jugar videojuegos como Atari, juegos de mesa como Go (por ejemplo, AlphaGo) y para controlar sistemas robóticos. El aprendizaje profundo por refuerzo combina el RL con el aprendizaje profundo para gestionar entradas de alta dimensión, lo que permite a los profesionales del marketing aprender reglas a partir de datos de píxeles sin procesar. Esta fusión ha abierto nuevas fronteras en sistemas autónomos y control adaptativo.

Otro impulso tecnológico que favorece la IA es la transferencia de conocimientos. Tradicionalmente, los modelos se entrenaban desde cero para cada nueva misión, lo que requería una gran cantidad de información y tiempo. El aprendizaje por transferencia permite que un modelo entrenado para una tarea se adapte a todas las demás, a pesar de la información limitada. Los modelos preentrenados, como

BERT o GPT, pueden ajustarse para tareas específicas como el análisis de sentimientos o la revisión de informes de delitos, lo que reduce drásticamente los recursos necesarios para instalar sistemas de IA funcionales en nuevos dominios.

La integración de la IA con el Internet de las Cosas (IoT) y la computación en el borde también está transformando cómo y dónde opera la inteligencia. En lugar de depender únicamente de sistemas centralizados en la nube, la IA ahora puede ejecutarse localmente en dispositivos, lo que permite la toma de decisiones en tiempo real sin latencia ni problemas de conectividad. Los termostatos inteligentes, los monitores de actividad portátiles, los robots industriales y los coches autónomos utilizan cada vez más la inferencia en el dispositivo para mejorar la capacidad de respuesta y la privacidad.

Las plataformas de computación en la nube, como AWS, Google Cloud y Microsoft Azure, han democratizado el acceso a las tecnologías de IA. Ofrecen infraestructura, herramientas y API que permiten a desarrolladores y agencias construir, entrenar e implementar modelos de IA sin invertir en hardware especializado. Esto ha facilitado la experimentación y la escalabilidad, acelerando el ritmo de la innovación en IA en todos los sectores.

La IA Explicable (XAI) es un imperativo tecnológico emergente que busca que el funcionamiento interno de modelos complejos sea interpretable para los seres humanos. A medida que los sistemas de IA se utilizan cada vez más en programas de alto riesgo, como la salud, las finanzas y el derecho, comprender cómo se toman las decisiones se volverá esencial. Técnicas como los valores SHAP, LIME y las visualizaciones de atención buscan brindar transparencia, garantizando que los modelos puedan ser auditados, confiables y corregidos si es necesario.

Finalmente, la intersección de la IA con diferentes tecnologías de vanguardia, como la computación cuántica, la biología sintética y las recomendaciones de blockchain, presenta oportunidades transformadoras. El aprendizaje de sistemas cuánticos, aunque aún está en sus inicios, debería acelerar exponencialmente el proceso de aprendizaje en el futuro. La biología artificial impulsada por IA ya se utiliza para diseñar proteínas y desarrollar nuevos tratamientos. Los modelos de IA basados en blockchain pueden proporcionar inteligencia descentralizada, mejorando la seguridad y la privacidad en las estructuras colaborativas de IA.

La tecnología que impulsa la IA configura un entramado dinámico e interconectado. El aprendizaje automático y el aprendizaje profundo son los motores principales, pero sus capacidades se amplifican gracias a los avances en hardware, sistemas estadísticos, estructuras en la nube, modelos de lenguaje, redes de visión e innovaciones teóricas. Estas tecnologías no funcionan de forma aislada, sino que se complementan entre sí, sentando las bases de la asombrosa versatilidad y potencia de la IA actual. A medida que se desarrollan los estudios y el desarrollo, estas tecnologías fundamentales evolucionarán, se fusionarán e incluso impulsarán paradigmas completamente nuevos que redefinen la inteligencia de maneras que hoy en día difícilmente podemos predecir.

CAPÍTULO 2

Inteligencia Artificial y Sociedad

2.1 El impacto social de la IA

La Inteligencia Artificial (IA) está transformando rápidamente el panorama social, transformando la forma en que las personas, las comunidades y las sociedades en su conjunto funcionan. La gran integración de las tecnologías de IA en diversos aspectos de la vida cotidiana ofrece tanto desafíos como oportunidades. Esta transformación impacta todo, desde las relaciones interpersonales hasta los sistemas políticos y las normas culturales. Las implicaciones sociales de la IA son profundas, ya que modifica fundamentalmente cómo interactuamos con la generación, con los demás y con las instituciones que nos gobiernan.

El impacto social de la IA se centra en su efecto en las relaciones humanas. La tecnología de IA, en particular cn forma de chatbots, asistentes virtuales y compañeros robóticos, es ahora esencial en muchos aspectos de nuestra vida. Estas herramientas no solo ayudan en las tareas habituales, sino que también están empezando a moldear la forma en que las personas se comunican, construyen relaciones y disfrutan de la compañía.

Por ejemplo, los asistentes virtuales impulsados por IA, como Siri, Alexa y el Asistente de Google, se han vuelto comunes en hogares y oficinas, ofreciendo un nivel de comodidad y conectividad que antes era imposible. Estas estructuras de IA son capaces de responder preguntas, dar pistas y gestionar las tareas diarias. A medida que la IA se vuelve más competente para comprender las emociones y la conversación humanas, también está empezando a desempeñar un papel en el apoyo social. Las aplicaciones de terapia impulsadas por IA, como Woebot y Replika, están diseñadas para brindar apoyo emocional, simular conversaciones significativas y ayudar a los usuarios a gestionar sus emociones. Si bien estas estructuras pueden aliviar la soledad en algunas personas, también plantean preguntas sobre la naturaleza de la conexión humana y los posibles riesgos de sustituir las interacciones humanas por IA.

Además, el papel de la IA en las redes sociales ha tenido un efecto asombroso en el comportamiento y las relaciones humanas. Redes sociales como Facebook, Twitter e Instagram utilizan algoritmos de IA para seleccionar contenido, anticipar las preferencias de las personas y promover la interacción. Esto ha impulsado el auge de las cámaras de eco, en las que las personas solo se exponen a puntos de vista que coinciden con sus propias divisiones sociales, lo que podría profundizar las divisiones sociales. Los algoritmos que impulsan estas plataformas pueden influir en la forma en que las personas interactúan, moldeando opiniones o incluso influyendo en políticas. A medida que la IA continúa desempeñando un papel importante en nuestra vida digital, es probable que su impacto en la dinámica social crezca, desarrollando nuevas formas de comunicación y conexión que difuminan las barreras entre lo humano y lo digital.

La IA también está contribuyendo a cambios considerables en las estructuras sociales, especialmente en términos de dinámicas energéticas y desigualdades. La adopción de la IA en diferentes industrias ha impulsado la automatización, lo que, si bien ha mejorado la productividad, también ha provocado el desplazamiento de actividades de muchos trabajadores. Sectores enteros, como la manufactura y la atención al cliente, dependen cada vez más de las estructuras de IA, lo que genera una brecha entre quienes tienen las competencias para adaptarse a las industrias impulsadas por la IA y quienes se quedan atrás debido a estos avances tecnológicos.

Esta brecha virtual contribuye a la ampliación de las brechas socioeconómicas. Las personas y grupos con altos ingresos suelen ser los primeros en disfrutar de las ventajas de la IA, ya que cuentan con los recursos para invertir e implementar tecnologías de IA. Mientras tanto, quienes pertenecen a sectores de bajos ingresos, sin acceso a tecnologías modernas ni la capacitación necesaria para trabajar con ellas, también pueden enfrentarse a crecientes riesgos financieros. Por ejemplo, si bien la tecnología sanitaria impulsada por la IA tiene la capacidad de mejorar los resultados de la atención médica, sus beneficios no son igualmente accesibles para todos. Las personas que viven en regiones desatendidas también pueden verse excluidas de estas mejoras, lo que agrava las disparidades existentes en la atención médica y la educación.

Además, la dinámica eléctrica que rodea a la IA no se limita a las desigualdades financieras. Gobiernos y empresas utilizan cada vez más la IA para identificar a residentes y clientes, lo que aumenta la preocupación por la privacidad y la vigilancia. La tecnología de vigilancia impulsada por IA, como el reconocimiento facial, es cada vez más común en espacios públicos, donde las fuerzas del orden y las agencias privadas la utilizan para rastrear los movimientos y el comportamiento de las personas. Si bien estas estructuras pueden mejorar la seguridad y optimizar los servicios, también presentan riesgos sustanciales para las libertades civiles. La omnipresencia de la IA en la vigilancia plantea importantes preguntas sobre el equilibrio entre la seguridad y la libertad personal en la era digital.

El impacto de la IA se extiende más allá de los sistemas monetarios y sociales, alcanzando el ámbito cultural. A medida que la IA se integra cada vez más en las industrias creativas, está comenzando a explorar las nociones tradicionales de arte, creatividad y autoría. Las herramientas impulsadas por IA se están utilizando para componer música, escribir literatura y generar arte visual, lo que genera debates sobre si las máquinas pueden realmente ser creativas y si las obras generadas por IA tienen el mismo valor que las creaciones humanas.

El impacto de la IA en el estilo de vida también se refleja en su capacidad para transformar la educación, los medios de comunicación y el entretenimiento. Los sistemas de aprendizaje personalizado basados en IA están revolucionando la educación, ofreciendo planes de estudio a medida que se adaptan a las necesidades de los estudiantes universitarios. Al mismo tiempo, la capacidad de la IA para analizar grandes cantidades de datos facilita el desarrollo de estrategias de marketing hipersegmentadas, que pueden moldear las preferencias de los consumidores e influir en las tendencias culturales. La industria del entretenimiento confía cada vez más en la IA para predecir qué contenido conectará con el público, creando un enfoque más basado en datos para la producción innovadora.

A medida que la tecnología de IA continúa evolucionando, puede seguir trabajando y redefiniendo las normas culturales. La línea entre el contenido creado por humanos y el creado por dispositivos también podría volverse cada vez más difusa, obligando a la sociedad a reconsiderar su comprensión de la originalidad, la creatividad y la propiedad intelectual. La integración de la IA en la vida cotidiana también puede tener profundas implicaciones para la identidad y los valores culturales, a medida que las distintas sociedades adoptan y se adaptan a la IA de maneras que reflejen sus propias tradiciones y prioridades.

La creciente presencia de la IA en la sociedad ofrece oportunidades y situaciones desafiantes. Si bien tiene la capacidad de mejorar la eficiencia, mejorar la conectividad y resolver problemas globales complejos, también conlleva importantes desafíos sociales y éticos. La integración de la IA en la vida cotidiana está cambiando la forma en que los seres humanos interactúan con el tiempo, con los demás y con el mundo que los rodea. A medida que la IA continúa moldeando nuestros sistemas sociales, comportamientos y normas culturales, es vital que la sociedad participe en debates reflexivos y responsables sobre cómo abordar estos cambios.

Las implicaciones sociales de la IA son de gran alcance y multifacéticas. A medida que la tecnología continúa adaptándose, sus consecuencias podrían sentirse en todos los ámbitos de la vida. La tarea de la sociedad es aprovechar el potencial de la IA, al tiempo que se mitigan sus riesgos, garantizando que sirva al derecho común y promueva un futuro más equitativo e inclusivo para todos. El destino de la IA y de la sociedad dependerá de cómo decidamos, como comunidad internacional, interactuar con esta era transformadora, lo que la convierte en un desafío que requiere atención, colaboración y previsión.

2.2 El impacto económico de la IA

La Inteligencia Artificial (IA) está teniendo un impacto transformador en las economías de todo el mundo, transformando industrias, mercados laborales e incluso estructuras financieras completas. El auge de la tecnología de IA está cambiando la forma en que se producen, entregan y consumen bienes y servicios. Su influencia va más allá de la automatización para impactar los modelos financieros, cambiar la dinámica y las estructuras económicas.

Uno de los mayores impactos financieros de la IA es su capacidad para automatizar tareas y estrategias en numerosos sectores. La automatización ha sido un factor clave para el aumento de la productividad en industrias que abarcan desde la producción hasta los servicios, y la IA está acelerando este proceso. Las máquinas equipadas con algoritmos de IA pueden realizar tareas con mayor velocidad, precisión y eficiencia que los humanos, lo que se traduce en ahorros de costes y mayores niveles de producción.

En el sector manufacturero, ya están apareciendo robots con IA que realizan tareas de línea con mínima intervención humana. Estos robots pueden trabajar las 24 horas del día, lo que se traduce en mayores costos de producción y un mayor uso de recursos ecológicos. De igual manera, en sectores como la logística, la IA está optimizando las cadenas de suministro, reduciendo el desperdicio y mejorando la gestión de inventarios. En el sector financiero, las estructuras de IA pueden analizar grandes conjuntos de datos y ejecutar transacciones con mayor rapidez que las personas, impulsando la eficiencia en los mercados financieros y mejorando las estrategias de inversión.

La capacidad de la IA para mejorar la productividad no se limita a las industrias tradicionales. En el sector de las empresas de transporte, la IA está mejorando la productividad mediante la automatización de tareas recurrentes, como el acceso a registros, la atención al cliente y la programación. Los chatbots, por ejemplo, son cada vez más utilizados por las empresas para interactuar con los clientes, ofrecer soporte y resolver problemas, reduciendo la necesidad de intervención humana. De igual forma, los algoritmos de IA pueden optimizar las operaciones comerciales mediante la predicción de la demanda, la gestión de recursos y la mejora de la toma de decisiones.

Si bien la IA está mejorando la productividad y el rendimiento financiero, su impacto en el mercado laboral es más complejo. Por un lado, la automatización puede reducir los costos laborales y aumentar la competitividad de las empresas. Por otro lado, puede provocar la sustitución de tareas, especialmente en sectores donde las tareas son rutinarias o manuales.

La introducción de la IA en el personal trae consigo la promesa de la innovación en procesos y la asignación de puestos de trabajo. La amplia automatización de las responsabilidades cotidianas aumenta el riesgo de desempleo para los trabajadores cuyos empleos son más vulnerables a la IA. Por ejemplo, los empleos en producción, transporte y atención al cliente ya se ven afectados por la IA y la automatización, a medida que los robots y las máquinas asumen tareas que históricamente realizaban los seres humanos.

Las furgonetas autónomas y los drones de reparto, por ejemplo, tienen la capacidad de sustituir cientos de miles de puestos de trabajo en el sector del transporte, desde conductores de camiones hasta personal de almacén. De igual forma, en la atención al cliente, los chatbots y los asistentes virtuales representan un número cada vez mayor de tareas que antes realizaban vendedores humanos. Si bien estas tecnologías pueden crear nuevas oportunidades laborales en campos como la robótica, la informática y la programación de IA, también aumentan la preocupación por el desplazamiento de empleados poco cualificados que carecerán de los recursos o las habilidades para adaptarse a nuevos puestos.

La tarea de los responsables políticos y las empresas es gestionar esta transición eficazmente. Los programas de reciclaje y perfeccionamiento de competencias pueden ser cruciales para ayudar a los empleados a adaptarse al cambiante mercado laboral. Los gobiernos y las organizaciones deben invertir en formación y capacitación para dotar a las personas de las habilidades necesarias para prosperar en una economía impulsada por la IA. Además, la creación de nuevas oportunidades de proceso en sectores como la investigación en IA, la ciberseguridad y el aprendizaje automático será crucial para garantizar que los beneficios de la IA se compartan ampliamente en la sociedad.

A medida que la tecnología de IA continúa transformando el sistema económico global, también tiene el potencial de exacerbar las desigualdades financieras. La brecha virtual, o la distancia entre quienes tienen acceso a la tecnología virtual y quienes no, es una tarea considerable. Si bien los países avanzados y las grandes empresas pueden aprovechar el poder de la IA para impulsar la innovación y el auge, los países en desarrollo y las pequeñas empresas también podrían tener dificultades para mantenerse al día.

En los países ricos, la IA se utiliza para mejorar la productividad, crear nuevos modelos empresariales e impulsar el crecimiento económico. Sin embargo, en los países más pobres, el acceso a las tecnologías de IA y a las habilidades necesarias para utilizarlas puede ser limitado, lo que genera una brecha cada vez mayor en el desarrollo económico. Esta brecha virtual se agrava aún más por el acceso desigual a la educación, la formación y la infraestructura de internet, lo que puede impedir que grandes segmentos de la población se beneficien del crecimiento impulsado por la IA.

Además, la concentración de competencias en IA en manos de unas pocas grandes agencias y países también puede generar una mayor conciencia de riqueza y poder. Gigantes tecnológicos como Google, Amazon y Microsoft ya están a la vanguardia del desarrollo de la IA y cuentan con los recursos para realizar grandes inversiones en investigación y desarrollo de IA. Esta mayor conciencia de poder en el sector de la IA aumenta la preocupación por los monopolios, el dominio del mercado y la posibilidad de manipulación del mercado. Los responsables políticos deberán abordar estos problemas mediante marcos regulatorios y leyes de competencia para garantizar que los beneficios de la IA se distribuyan equitativamente y que los actores más pequeños tengan la oportunidad de competir.

La IA también está teniendo un profundo impacto en el cambio global y la geopolítica. A medida que la tecnología de IA se convierte en un factor clave para el auge económico, las naciones que lideran el estudio y el desarrollo de la IA tendrán una ventaja competitiva en el mercado internacional. Las naciones con sólidas capacidades de IA están mejor posicionadas para dominar sectores clave, como la salud, la manufactura y las finanzas, lo que influirá en los patrones de intercambio y el poder económico a nivel mundial.

China, por ejemplo, ha realizado inversiones sustanciales en estudios y desarrollo de IA, y aspira a convertirse en el líder mundial en IA para 2030. Estados Unidos, con su próspera industria tecnológica, también ha estado a la vanguardia de la innovación en IA. La competencia entre estas dos superpotencias económicas por el dominio de la IA tiene implicaciones geopolíticas, ya que la IA se convierte en una herramienta no solo para el crecimiento económico, sino también para fines militares y de seguridad. El uso de la IA en tecnologías de defensa, sistemas de vigilancia y ciberseguridad está transformando la familia internacional y los sistemas de energía globales.

La IA también tiene la capacidad de revolucionar las industrias tradicionales y las cadenas de suministro globales. A medida que aumenta la automatización impulsada por la IA, la demanda de trabajos de bajo valor en la producción también puede disminuir, lo que genera cambios en la dinámica del mercado global. Los países que dependen en gran medida de trabajos de bajos salarios también podrían enfrentar desafíos, ya que la automatización impulsada por la IA reduce la necesidad de mano de obra humana en las estrategias de fabricación. De igual manera, el auge de la IA en sectores como la agricultura, la salud y la logística debería provocar cambios en los flujos comerciales globales, a medida que los países se adaptan a las nuevas tecnologías y cadenas de suministro.

El impacto financiero de la IA es amplio y multifacético. Si bien la IA tiene la capacidad de impulsar grandes ganancias de productividad, crear nuevas oportunidades de negocio y transformar industrias, también plantea preocupaciones sobre el desplazamiento de actividades, la desigualdad y la percepción de la riqueza y el poder. Para reconocer plenamente el potencial de la IA y mitigar sus riesgos, los responsables políticos, las empresas y los ciudadanos deben colaborar para garantizar que el auge económico impulsado por la IA sea inclusivo, equitativo y sostenible.

El futuro de la IA y del sistema económico dependerá de la eficacia con la que las sociedades gestionen la transición hacia un mundo impulsado por la IA. Al invertir en formación, programas de reciclaje profesional y directrices económicas inclusivas, los gobiernos pueden contribuir a garantizar que los beneficios de la IA se compartan ampliamente entre todos los segmentos de la sociedad. La IA tiene el potencial de transformar la economía global, pero su impacto puede verse influenciado por las decisiones que tomemos hoy sobre cómo aprovechar esta tecnología transformadora para la vida cotidiana.

2.3 Cambios laborales y de empleo debido a la IA

El auge de la Inteligencia Artificial (IA) está transformando el mercado laboral global y transformando la naturaleza del empleo. A medida que las estructuras de IA se vuelven más avanzadas, su integración en industrias y lugares de trabajo tiene implicaciones tanto ventajosas como negativas para los empleados. Si bien algunos empleos están siendo reemplazados, también surgen nuevas oportunidades en campos que requieren capacidades superiores en IA, análisis y generación de información.

Uno de los problemas más importantes en relación con la IA es la capacidad de desplazar tareas. A medida que la tecnología de IA avanza, la automatización de tareas que tradicionalmente realizaban las personas se está volviendo cada vez más masiva. Esta tendencia es especialmente evidente en industrias donde las tareas son repetitivas, habituales y fácilmente estandarizadas. Por ejemplo, los sectores de producción, logística, comercio minorista y administración ya han visto la implementación de estructuras impulsadas por IA que pueden realizar tareas como el trabajo en la línea de producción, el control de inventario, el acceso a la información y la atención al cliente con mayor eficiencia y menos errores que las personas.

En producción, los robots equipados con IA pueden realizar tareas complejas, como ensamblar productos o manipular materiales peligrosos, con mucha mayor eficacia que los trabajadores humanos. Esto ha generado una mayor productividad, pero también significa que muchos empleos en estos sectores se están volviendo obsoletos. Por ejemplo, se prevé que el auge de los vehículos autónomos revolucione el sector del transporte, ya que los conductores de camiones y los repartidores serán reemplazados por vehículos autónomos y drones. De igual manera, en el sector de los servicios, los chatbots y asistentes virtuales con IA gestionan cada vez más las consultas de atención al cliente, lo que reduce la necesidad de personal humano en los centros de llamadas y los servicios de asistencia.

Si bien la automatización de tareas recurrentes puede generar ahorros considerables de costos y mejoras de productividad para las empresas, también aumenta la preocupación por la pérdida de empleos, en particular para las personas con baja formación profesional. Quienes tienen trabajos bastante repetitivos o recurrentes tienen mayor probabilidad de ser despedidos. Por ejemplo, los puestos de cajero, ingresador de información y teleoperador ya están siendo reemplazados por estructuras informatizadas, lo que deja a los empleados en puestos que enfrentan el desempleo o la necesidad de reciclarse.

Si bien se prevé que la IA provoque la pérdida de empleos en algunos sectores, también está creando nuevas posibilidades en regiones que requieren capacidades especializadas. A medida que las industrias adoptan la tecnología de IA, existe una creciente demanda de empleados capaces de desarrollar, gestionar y mantener dichos sistemas. Esto incluye puestos en programación de IA, análisis de datos, dominio de sistemas y robótica. Los profesionales con conocimientos en estos campos tienen una gran demanda, ya que las empresas y agencias requieren profesionales para diseñar, implementar y supervisar sistemas de IA.

La IA también está impulsando la creación de industrias y puestos de trabajo completamente nuevos que no existían hace algunos años. Por ejemplo, el auge de la tecnología sanitaria impulsada por IA ha propiciado la aparición de puestos como profesionales sanitarios, analistas de historiales médicos y expertos en informática sanitaria. En el ámbito financiero, la IA está facilitando el desarrollo de la compraventa algorítmica, la detección de fraudes y la asesoría económica, creando nuevos puestos en tecnología financiera e ingeniería económica. De igual modo, sectores como la ciberseguridad, el desarrollo de vehículos autónomos y la producción inteligente están experimentando un aumento de oportunidades de negocio a medida que la IA se integra más en estos sectores.

Además, la IA está contribuyendo a la creación de empleos en campos que requieren supervisión y creatividad humanas, áreas donde la era de la IA aún no ha logrado reemplazar por completo la intervención humana. Por ejemplo, si bien la IA puede analizar grandes conjuntos de datos y generar información, requiere juicio humano para tomar decisiones complejas. Como resultado, existe una creciente demanda de científicos de datos, especialistas en ética de la IA y profesionales capaces de interpretar y aplicar los hallazgos de la IA a situaciones internacionales reales.

La introducción de estos nuevos roles ofrece a los empleados la posibilidad de acceder a puestos más profesionales. Sin embargo, la transición de empleos poco cualificados a puestos altamente profesionales también plantea la necesidad de reciclar y mejorar las competencias del personal para satisfacer las necesidades de la economía impulsada por la IA. Los trabajadores deben adquirir nuevas habilidades en campos como las tecnologías de la información, la programación y el aprendizaje automático para mantenerse competitivos en el mercado laboral.

A medida que la tecnología de IA continúa evolucionando, el personal debe adaptarse al cambiante panorama de los procesos. Los trabajadores desplazados por la automatización también podrían necesitar actualizar sus habilidades para asumir nuevos roles en la economía impulsada por la IA. La actualización implica adquirir nuevas habilidades que permitan a los empleados acceder a puestos de trabajo excepcionales, mientras que la actualización implica mejorar las competencias existentes para mantenerse al día con los avances tecnológicos.

Los gobiernos, las empresas y las instituciones académicas desempeñarán un papel vital para facilitar esta transición mediante programas de reciclaje y perfeccionamiento de habilidades. Estos programas deben centrarse en la formación de capacidades altamente demandadas, como la programación, el análisis de datos y el desarrollo de IA. Además, la formación en habilidades fluidas, como la resolución de problemas, la comunicación y la adaptabilidad, puede ser esencial para preparar a los empleados para puestos que requieren la supervisión humana de sistemas de IA.

Los centros educativos deben adaptar sus planes de estudio para incluir cursos con un mayor enfoque tecnológico. A medida que la IA se integre más en diversas industrias, será fundamental que los trabajadores comprendan a fondo cómo funcionan los sistemas de IA y cómo pueden implementarse en contextos empresariales específicos. La colaboración entre las instituciones educativas y los líderes del sector es crucial para garantizar que las habilidades impartidas se ajusten a las necesidades del mercado laboral.

Además de la educación formal y los programas de capacitación, las empresas querrán invertir en el desarrollo continuo de sus empleados. Al ofrecer capacitación práctica, mentoría y oportunidades de desarrollo profesional, las empresas pueden ayudar a su personal a mantenerse competitivo en un mercado laboral en rápida transformación.

Además de los modelos de empleo estándar, la IA también contribuye al auge de la economía colaborativa. Este sistema financiero, que incluye contratos temporales, trabajos freelance y puestos temporales, se está volviendo cada vez más común a medida que los sistemas basados en IA facilitan la búsqueda de trabajo. Plataformas como Uber, TaskRabbit y

Fiverr permiten a las personas ofrecer sus servicios bajo demanda, creando una plantilla flexible que no está sujeta a las estructuras de empleo tradicionales.

La IA desempeña un papel clave en el sistema financiero del sector gig, conectando a los trabajadores con sus empleadores y facilitando la gestión de las tareas freelance. Por ejemplo, los algoritmos de IA pueden asignar oportunidades laborales a los empleados en función de sus habilidades, ubicación y disponibilidad. Además, las herramientas impulsadas por IA se utilizan para optimizar la programación, el procesamiento de tarifas y el seguimiento del rendimiento, facilitando a los trabajadores del sector gig la gestión de su trabajo.

Si bien la economía informal ofrece mayor flexibilidad y autonomía a los empleados, también plantea inquietudes sobre la protección de los procesos y los derechos de los empleados. Los trabajadores informales a menudo carecen de las ventajas y protecciones que reciben los trabajadores tradicionales, como la atención médica, los planes de jubilación y las vacaciones pagadas. A medida que la IA continúa moldeando la economía informal, existe la necesidad de nuevas regulaciones laborales que aborden los desafíos específicos que enfrentan los trabajadores informales.

El futuro del trabajo en una economía impulsada por la IA probablemente se caracterizará por una mayor flexibilidad, automatización y especialización. Si bien la IA seguirá desplazando algunos empleos, también creará nuevas oportunidades e impulsará la innovación en campos que requieren comprensión humana. La misión podría ser garantizar que los empleados cuenten con los talentos y recursos necesarios para prosperar en este nuevo panorama.

Los responsables políticos, los grupos y los educadores deben colaborar para abordar el impacto de la IA en los mercados laborales y el empleo. Al invertir en educación, programas de reciclaje profesional y políticas laborales justas, podemos garantizar que los beneficios del crecimiento económico impulsado por la IA se compartan entre todos. A medida que la IA continúa adaptándose, será fundamental ser proactivos en la preparación del personal para los cambios previos, garantizando que nadie se quede atrás en la transición hacia un futuro impulsado por la IA.

2.4. IA en la vida cotidiana y aplicaciones de consumo

La inteligencia artificial ha pasado de laboratorios y centros de estudio a formar parte integral de la vida cotidiana. Anteriormente confinada a ideas académicas y prototipos experimentales, la IA ahora permea nuestra vida diaria, a menudo de forma invisible, pero con un profundo impacto. Su impacto se extiende a cómo nos comunicamos, almacenamos, navegamos, nos entretenemos, controlamos nuestros hogares e incluso tomamos decisiones. La integración de la IA en las aplicaciones para clientes no solo ha mejorado la eficiencia y la comodidad, sino que también ha redefinido las expectativas de personalización, velocidad e interactividad. Como resultado, la IA ya no es una idea futurista, sino una fuerza innovadora que configura los comportamientos, las posibilidades y las actividades de miles de millones de personas en todo el mundo.

Una de las manifestaciones más omnipresentes de la IA en la vida cotidiana son los smartphones. Los algoritmos de IA impulsan asistentes de voz como Siri de Apple, el Asistente de Google y Alexa de Amazon, permitiendo a los usuarios realizar tareas como crear recordatorios, navegar por internet, controlar dispositivos inteligentes o enviar mensajes en lenguaje natural. En segundo plano, la IA mejora las estructuras de autocorrección, el texto predictivo, la popularidad de la voz y las funciones de la cámara. Los sistemas de popularidad de imágenes seleccionan automáticamente rostros, modifican las condiciones de la iluminación y aplican filtros, mientras que los algoritmos de aprendizaje automático personalizan las sugerencias de contenido, preparan fotos y optimizan el uso de la batería según el comportamiento del usuario.

Las plataformas de redes sociales se impulsan mediante algoritmos de IA de vanguardia que seleccionan contenido, proponen conexiones, filtran correo no deseado y detectan comportamientos peligrosos. En plataformas como Facebook,

Instagram, Twitter y TikTok, los motores de búsqueda analizan las interacciones de los usuarios (me gusta, publicaciones compartidas, tiempo de visualización) para priorizar el contenido con mayor probabilidad de interactuar con ellos. Estas plataformas utilizan modelos de aprendizaje profundo para identificar el contexto, el sentimiento o incluso las características visuales, creando historias personalizadas. Si bien esto mejora la interacción del usuario, también aumenta la dificultad para filtrar burbujas, cámaras de eco y manipulación algorítmica.

En el comercio electrónico, la IA ha revolucionado la forma en que los clientes navegan, compran y reciben atención al cliente. Plataformas como Amazon, Alibaba e eBay utilizan el aprendizaje automático para motores de búsqueda de productos que analizan el historial de navegación, los patrones de compra y las estadísticas demográficas. Estas estructuras anticipan los deseos del consumidor y sugieren productos relevantes, impulsando tanto las ventas como la satisfacción del cliente. Los chatbots y asistentes digitales con IA atienden las consultas de los clientes las 24 horas, reduciendo los tiempos de espera y mejorando la accesibilidad. La visión artificial permite funciones de búsqueda visual: los usuarios pueden agregar fotos y encontrar objetos coincidentes o similares sin necesidad de describirlos con palabras.

Las ofertas de streaming, como Netflix, Spotify, YouTube y HBO Max, dependen en gran medida de la IA para personalizar las historias de usuario. Los algoritmos de recomendación recomiendan canciones, películas y recomendaciones según las preferencias y los hábitos de consumo de los usuarios. Estos sistemas incluyen filtrado colaborativo, aprendizaje profundo y técnicas de aprendizaje por refuerzo para adaptarse con el tiempo. La IA también facilita la creación y optimización de contenido, generando miniaturas, etiquetando metadatos y analizando la retención de la audiencia para mejorar las estrategias de programación.

La IA desempeña un papel cada vez más importante en las finanzas personales y la banca digital. Aplicaciones como Mint, PayPal, Revolut y las apps móviles de los bancos tradicionales utilizan la IA para categorizar transacciones, detectar actividades fraudulentas y proporcionar información presupuestaria. El análisis predictivo ayuda a los clientes a gestionar su liquidez, les alerta sobre sobregiros potenciales y les recomienda estrategias de ahorro. Los chatbots de IA funcionan como asesores financieros virtuales, ofreciendo asistencia y orientación en tiempo real sin intervención humana.

La navegación y el transporte se transformaron gracias a la IA mediante la optimización de rutas en tiempo real, el modelado predictivo del tráfico y la tecnología de viajes autónomos. Google Maps y Waze utilizan la IA para predecir el estado del tráfico, recomendar rutas alternativas y estimar los tiempos de llegada con una precisión cada vez mayor. Las plataformas de viajes compartidos como Uber y Lyft utilizan la IA para conectar conductores con pasajeros, estimar tarifas y optimizar la logística de envíos. En los vehículos autónomos, la IA integra datos de sensores, lidar, radares y cámaras para tomar decisiones de conducción en tiempo real. Empresas como Tesla, Waymo y Cruise están ampliando los límites de lo que la movilidad basada en IA puede lograr.

En el mundo de los hogares inteligentes, la IA actúa como orquestadora de la comodidad y el rendimiento. Los altavoces y monitores inteligentes, como Amazon Echo y Google Nest Hub, actúan como centros de control para un entorno conectado de dispositivos. La IA permite el control por voz de lámparas, termostatos, cerraduras, cámaras y electrodomésticos. Los termostatos inteligentes como Nest registran las rutinas familiares y ajustan la temperatura en consecuencia, optimizando el consumo de energía. Las cámaras de seguridad con IA pueden distinguir entre personas, animales y vehículos, enviando alertas personalizadas y permitiendo funciones de reconocimiento facial.

Los programas de IA para el cuidado de la salud están cada vez más al alcance de los usuarios a través de la tecnología wearable y las aplicaciones de seguimiento de la salud. Dispositivos como el Apple Watch, Fitbit y Oura Ring monitorizan métricas como la frecuencia cardíaca, los patrones de sueño, los niveles de oxígeno en sangre y los niveles de actividad. Estos dispositivos utilizan IA para analizar tendencias, detectar anomalías y ofrecer recomendaciones de salud. Algunos programas incluso alertan a los usuarios sobre posibles arritmias o recomiendan cambios de comportamiento para una mejor higiene del sueño y rutinas de ejercicio. Las aplicaciones de salud mental, como Woebot o Wysa, utilizan IA conversacional para ofrecer apoyo emocional, actividades de mindfulness y herramientas de terapia conductual.

La educación y el aprendizaje personalizado también se han beneficiado de la integración de la IA. Plataformas como Duolingo, Khan Academy y Coursera adaptan el contenido a los estilos y ritmos de aprendizaje individuales. La IA evalúa el progreso del usuario, identifica los puntos vulnerables y ajusta dinámicamente los niveles de dificultad. Las aplicaciones de aprendizaje de idiomas utilizan el procesamiento natural del lenguaje y la audición del habla para proporcionar comentarios en tiempo real. En las aulas virtuales, la IA permite monitorizar la participación, automatizar la calificación y recomendar recursos adicionales.

Las industrias minoristas y de la moda han adoptado la IA para crear experiencias de compra más interactivas y personalizadas. Los probadores virtuales utilizan realidad aumentada y visión artificial para que los clientes puedan probarse ropa o accesorios. Los algoritmos de IA anticipan las tendencias de moda, optimizan el control de inventario y habilitan sistemas de precios dinámicos. Los robots y quioscos en tienda ayudan a los clientes, los guían hacia la mercancía y gestionan las transacciones. La IA también impulsa la optimización de la cadena de suministro, desde la previsión de demanda hasta la automatización del almacén.

En las artes creativas, la IA está ampliando la definición de quién puede ser artista o creador. Aplicaciones como DALL•E, RunwayML y Lumen5 permiten a los usuarios generar fotos, películas y animaciones con un mínimo de talento técnico. Los músicos utilizan herramientas impulsadas por IA para componer melodías, proponer progresiones de acordes y dominar pistas. Los escritores y creadores de contenido emplean modelos de lenguaje generativo para generar ideas, redactar textos o traducir contenido a otros idiomas. Si bien estas herramientas enriquecen la creatividad humana, también generan debates sobre la originalidad, la autoría y la naturaleza de la expresión creativa.

El alcance de la IA se extiende incluso a la comunicación y la traducción cotidianas. Las aplicaciones de traducción de idiomas, como Google Translate y DeepL, utilizan la IA para ofrecer traducciones precisas y contextualizadas en tiempo real. Las herramientas de traducción y transcripción de voz en tiempo real eliminan las barreras lingüísticas en videollamadas, viajes y colaboraciones internacionales. Sistemas de correo electrónico como Gmail y Outlook incluyen funciones de redacción inteligentes que sugieren términos completos según el estilo y el motivo de la escritura.

Incluso las relaciones privadas y el bienestar mental se ven impulsados actualmente por la IA. Aplicaciones de citas como Tinder, Bumble y Hinge utilizan la inteligencia artificial para conocer a usuarios activos basándose en información de comportamiento, preferencias y estilos de comunicación. La IA puede verificar la compatibilidad y proponer coincidencias con matices cada vez mayores. Algunas personas utilizan compañeros digitales, ya sea en forma de chatbots, mascotas de IA o avatares con capacidad de respuesta emocional, para aliviar la soledad o fomentar la interacción social.

En electrodomésticos, la IA está haciendo que los dispositivos sean más inteligentes y autónomos. Aspiradoras con IA, como Roomba, aprenden los planos del suelo y regulan los estilos de limpieza. Los frigoríficos inteligentes muestran las fechas de caducidad y recomiendan recetas. Las lavadoras y lavavajillas utilizan IA para optimizar el consumo de agua y la selección de ciclos según el tipo de carga. Estas innovaciones no solo aumentan la comodidad, sino que también promueven el rendimiento energético y la sostenibilidad.

La IA también potencia la identificación y la protección virtuales en la vida cotidiana. El reconocimiento facial se utiliza para liberar teléfonos, autorizar pagos y controlar el acceso a instalaciones estables. Los sistemas biométricos basados en huellas dactilares, escaneos de retina o patrones de voz son cada vez más comunes en la era del consumidor, ofreciendo una mayor seguridad y una experiencia de usuario fluida. Los sistemas de detección de fraude en la banca y el comercio electrónico monitorizan constantemente el comportamiento para detectar anomalías y proteger a los usuarios de las ciberamenazas.

La integración de la IA en la vida cotidiana no siempre está exenta de implicaciones morales y sociales. A medida que las estructuras de IA toman decisiones más acertadas en nombre de los clientes, surgen interrogantes sobre la privacidad, los sesgos y el control. Muchos programas de IA recopilan y analizan cantidades considerables de datos personales, lo que genera inquietudes sobre la vigilancia y el uso indebido de datos. Los sesgos en los datos educativos pueden tener consecuencias discriminatorias, especialmente en áreas como la contratación, los préstamos o el reconocimiento facial. A medida que la IA se vuelve más capaz y autosuficiente, existe una creciente necesidad de transparencia, responsabilidad y empoderamiento del consumidor.

A pesar de estas situaciones exigentes, la facilidad, el rendimiento y la personalización que la IA aporta a la vida cotidiana son innegables. Lo que antes requería esfuerzo, experiencia o tiempo humano, ahora se puede lograr con comandos de voz o toques en la pantalla. La IA potencia nuestros sentidos, amplía nuestras capacidades y media en nuestras interacciones con los mundos virtual y físico. A medida que la era se adapta, es probable que su presencia en los dispositivos de consumo se profundice, no solo reaccionando a nuestros deseos, sino prediciendo, adaptándose y coevolucionando con nosotros en estrategias que transforman la esencia de la experiencia cotidiana.

2.5. Preocupaciones sobre la IA y la privacidad

La sustancial integración de la inteligencia artificial en la sociedad actual ha generado profundas modificaciones en la forma en que se recopilan, analizan y aplican los datos. Desde el reconocimiento facial en espacios públicos hasta las noticias seleccionadas mediante algoritmos, las estructuras de IA operan con enormes cantidades de datos privados : información que muestra patrones de conducta, preferencias, identidad e incluso estados emocionales. Si bien estas capacidades impulsan la personalización, el rendimiento y la innovación, también impulsan una serie de cuestiones de privacidad que se han vuelto cruciales en los debates sobre el uso ético de la tecnología de IA. A medida que las estructuras de IA intervienen cada vez más en los estudios cotidianos, la tensión entre la utilidad y la privacidad se ha convertido en uno de los desafíos que definen la era digital.

La base de los problemas de privacidad en la IA reside en la dependencia de grandes conjuntos de datos. Las estructuras de IA, especialmente las basadas en el aprendizaje automático y el aprendizaje profundo, requieren grandes cantidades de información para aprender y funcionar correctamente. Esto incluye información estructurada, como nombres, fechas de nacimiento e información financiera, así como información no estructurada, como fotos, correos electrónicos, grabaciones de audio e historiales de navegación. En muchos casos, esta información se recopila de forma pasiva o sin el consentimiento expreso del usuario, lo que plantea importantes interrogantes sobre la transparencia, la propiedad y el control. A menudo, las personas no comprenden completamente qué información se recopila, cómo se utiliza ni quién tiene acceso a ella.

Un ejemplo destacado de ello es el uso de la tecnología de reconocimiento facial. Gobiernos, empresas y firmas de seguridad han implementado reconocimiento facial basado en IA en aeropuertos, grandes almacenes, plazas públicas e incluso universidades. Si bien estos sistemas pueden mejorar la protección y la comodidad, también permiten la vigilancia masiva, a menudo sin la experiencia ni el consentimiento de los identificados. En algunas jurisdicciones, se rastreó a personas en tiempo real, se registraron y analizaron sus acciones, creando una forma de vigilancia biométrica que muchos identifican con una erosión de las libertades civiles. La preocupación se intensifica cuando la generación de reconocimiento facial se implementa en contextos autoritarios o se utiliza desproporcionadamente contra empresas marginadas.

Otro área de preocupación principal es la elaboración de perfiles y la microconcentración, que se hacen viables mediante la IA. Al leer las huellas digitales —incluyendo el historial de búsqueda, la información de ubicación y la actividad en redes sociales—, la IA puede crear perfiles psicológicos y conductuales específicos de las personas. Estos perfiles pueden utilizarse para publicidad y marketing personalizados, segmentación política o análisis de riesgos en política y finanzas. El infame caso de Cambridge Analytica reveló cómo la elaboración de perfiles basada en IA puede explotarse para manipular los resultados políticos al dirigirse a los votantes con desinformación personalizada. Este tipo de manipulación, facilitada por algoritmos opacos, socava los procesos democráticos y la autonomía individual.

Los sistemas de IA también aumentan las alertas sobre el almacenamiento y la retención de información. Muchas empresas acumulan mucha más información de la que necesitan, almacenándola a menudo indefinidamente en bases de datos centralizadas, vulnerables a filtraciones. Incluso los registros anonimizados pueden reidentificarse con frecuencia al combinarse con otros conjuntos de datos, lo que dificulta garantizar una privacidad adecuada. Además, los usuarios rara vez tienen un control significativo sobre cómo se almacena su información, durante cuánto tiempo y para qué fines secundarios puede reutilizarse. Esto socava el principio de minimización de datos y expone a las personas a riesgos de privacidad a largo plazo.

El uso de asistentes de voz y dispositivos inteligentes ejemplifica cómo la IA puede difuminar los límites entre la vida personal y pública. Dispositivos como Amazon Echo, Google Nest y Apple HomePod escuchan constantemente las órdenes de activación, pero en varias ocasiones se ha detectado que graban más de lo previsto. Conversaciones que se suponía eran privadas han sido grabadas accidentalmente, almacenadas en servidores remotos o incluso accedidas por revisores humanos para su "control de primera clase". Estos incidentes demuestran la facilidad con la que la IA puede convertir entornos domésticos en sitios de vigilancia, incluso sin motivos maliciosos.

El análisis predictivo es otro ámbito donde la IA invade la privacidad de forma difusa pero impactante. Los algoritmos utilizados en las fuerzas del orden, la atención médica y las finanzas suelen realizar predicciones sobre el comportamiento futuro de las personas, como la probabilidad de cometer un delito, contraer una infección o incumplir una hipoteca. Estas predicciones pueden utilizarse para tomar decisiones preventivas que afectan el acceso de una persona a servicios o oportunidades. Cuando estos sistemas se basan en estadísticas sesgadas o funcionan sin transparencia, pueden reforzar las desigualdades sistémicas, al tiempo que evaden el escrutinio público. Además, las personas a menudo desconocen que se está elaborando este perfil, y mucho menos que está influyendo en resultados vitales importantes.

El desarrollo de la tecnología de reconocimiento de emociones y evaluación del comportamiento introduce una capa más íntima de invasión de la privacidad. Las estructuras de IA ahora pueden examinar las expresiones faciales, el tono de voz, la postura e incluso las alertas fisiológicas para inferir estados emocionales. Si bien estas habilidades tienen aplicaciones en la salud mental y la atención al cliente, también corren el riesgo de ser explotadas en la vigilancia, la publicidad o el seguimiento laboral. Los empleadores podrían usar la IA para medir la interacción emocional de los empleados, o las tiendas podrían ajustar los precios en función del estado de ánimo inferido. Estas aplicaciones se adentran en un terreno éticamente ambiguo, lo que plantea interrogantes sobre el consentimiento, la dignidad y la autonomía psicológica.

La reacción internacional a las preocupaciones sobre la privacidad de la IA ha sido desigual, pero cada vez más firme. En la Unión Europea, el Reglamento General de Protección de Datos (RGPD) ofrece un marco sólido para la privacidad de la información, haciendo hincapié en criterios como el consentimiento informado, el derecho al olvido y la portabilidad de datos. El RGPD también restringe la toma de decisiones y la elaboración de perfiles automatizados en casos en que dichas decisiones afecten significativamente a las personas. Otros países, como Canadá, Brasil y Corea del Sur, han implementado o están desarrollando una normativa similar. Sin embargo, en jurisdicciones sin leyes integrales de privacidad, las prácticas corporativas permanecen en gran medida sin regular, lo que expone a las personas a la explotación.

Incluso en países con sólidas leyes de protección de datos, su aplicación sigue siendo una tarea difícil. La complejidad de los sistemas de IA dificulta la evaluación del cumplimiento, y los reguladores a menudo carecen de los conocimientos técnicos o los recursos necesarios para auditar algoritmos eficazmente. Además, las empresas pueden ocultar sus prácticas mediante términos confusos de servicio o algoritmos propietarios. Existe una necesidad apremiante de mecanismos que permitan la transparencia algorítmica y una IA auditable, que permita a los usuarios y a los organismos de control comprender cómo se utiliza la información y se toman las decisiones.

La privacidad diferencial, el aprendizaje federado y el aprendizaje automático que preserva la privacidad han surgido como enfoques técnicos para mitigar varios de estos riesgos. La privacidad diferencial añade ruido matemático a los conjuntos de datos para evitar la reidentificación de las personas, a la vez que conserva los patrones de integración. El aprendizaje federado permite que los modelos de IA aprendan en dispositivos descentralizados sin transferir datos sin procesar a un servidor clave, preservando así la información confidencial local. Estos métodos representan pasos prometedores para conciliar la innovación en IA con la preservación de la privacidad, aunque aún no se aplican ampliamente.

A pesar de estos esfuerzos, la asimetría de fuerza entre individuos y operadores de IA sigue siendo marcada. La mayoría de los usuarios carecen de la comprensión o el equipo necesarios para asignar series de datos de forma significativa o influir en el comportamiento algorítmico. La responsabilidad de la seguridad de la privacidad suele recaer sobre las personas, que deben navegar por entornos complejos y políticas opacas. Un enfoque más equitativo implicaría integrar la privacidad mediante el diseño en los sistemas de IA, integrando las consideraciones de privacidad en la estructura, en lugar de tratarlas como una característica secundaria o opcional.

Otra dimensión de los problemas de privacidad relacionados con la IA es el auge de los deepfakes y los medios artificiales. La IA puede generar imágenes, voces y vídeos hiperrealistas de personas, a menudo sin su consentimiento. Estas herramientas pueden utilizarse con fines satíricos y creativos, pero también para la difamación, el robo de identidad y la publicación de contenido no consentido. La difusa línea entre lo real y lo falso plantea profundas preocupaciones sobre el daño a la identidad, la confianza y la reputación, especialmente cuando los medios artificiales se utilizan como arma en campañas de desinformación o ataques privados.

En entornos educativos, entornos laborales y servicios públicos, la integración de la IA debe evaluarse cuidadosamente en cuanto a su invasividad y mecanismos de consentimiento. La vigilancia en las escuelas, la evaluación algorítmica del alumnado universitario, los sistemas biométricos de asistencia y el software de seguimiento de la productividad plantean complejos problemas de autonomía, transparencia y coerción. En estos entornos, las personas pueden no tener una preferencia significativa sobre si los sistemas de IA interactúan con ellas o no, ni cómo lo hacen, lo que imposibilita el consentimiento informado.

La IA ofrece ventajas excepcionales; sin embargo, su dependencia de datos privados y capacidades predictivas introduce profundos riesgos para la privacidad que requieren atención inmediata. Estos peligros no son solo técnicos o criminales, sino también morales y sociales. Proteger la privacidad en la era de la IA requiere más que una normativa actualizada; requiere un cambio cultural hacia la dignidad de la información, la responsabilidad algorítmica y el empoderamiento del usuario. Si no se controla, la proliferación de la IA podría normalizar la vigilancia y la manipulación, transformando la sociedad con enfoques que erosionan la confianza, la libertad y la responsabilidad humana. Pero con una acción planificada, una gobernanza sólida y un diseño que respete la privacidad, es posible construir un futuro impulsado por la IA que respete los derechos de las personas y los valores democráticos.

CAPÍTULO 3

Tecnología del futuro: el auge de la IA

3.1. Límites tecnológicos de la IA

La inteligencia artificial ha avanzado notablemente en los últimos tiempos, pero aún enfrenta diversas limitaciones tecnológicas que limitan su pleno potencial. Estos obstáculos abarcan desde cuestiones esenciales relacionadas con la estadística y la computación hasta desafíos más amplios, como la inteligencia artificial moderna, las cuestiones éticas y la explicabilidad. Superar estas limitaciones determinará el futuro de la IA y su función en la sociedad humana.

Una de las limitaciones más importantes de la IA es su gran dependencia de grandes cantidades de datos impresionantes. Los modelos de aprendizaje automático, especialmente las estructuras de aprendizaje profundo, requieren grandes conjuntos de datos para funcionar eficazmente. Sin embargo, el suministro, la precisión y la imparcialidad de estos conjuntos de datos siguen siendo desafíos considerables. La información deficiente o sesgada puede dar lugar a modelos de IA poco fiables que realizan una discriminación más estricta o producen resultados erróneos. Además, el proceso de recopilación y etiquetado de grandes conjuntos de datos consume mucho tiempo, es costoso y, a menudo, plantea problemas de privacidad.

Las estructuras actuales de IA se clasifican como IA delgada, lo que significa que están especializadas en tareas específicas, pero carecen de inteligencia general. A diferencia de la cognición humana, que integra la resolución de problemas, el pensamiento abstracto, las emociones y el instinto, los modelos de IA operan dentro de parámetros predefinidos. El desarrollo de la Inteligencia Artificial General (IAG), una máquina capaz de razonar en múltiples dominios como un humano, sigue siendo un objetivo lejano. La IAG requeriría un avance en el aprendizaje automático de paradigmas, neurociencia y tecnología cognitiva.

hardware de alto rendimiento, como GPU y TPU, que consumen cantidades masivas de energía. Esto plantea problemas de sostenibilidad, ya que la huella energética de las estructuras de IA a gran escala continúa creciendo. Los investigadores de IA están explorando activamente algoritmos y arquitecturas de hardware más ecológicos ; sin embargo, equilibrar el desarrollo de la IA con el impacto ambiental sigue siendo una gran tarea.

Los modelos de IA suelen funcionar como "contenedores negros", lo que significa que sus métodos de toma de decisiones son difíciles de interpretar. Esta falta de transparencia es especialmente delicada en ámbitos importantes como la salud, las finanzas y el derecho, donde la experiencia y la lógica detrás de las decisiones impulsadas por la IA son vitales. La IA Explicable (XAI) busca abordar esta dificultad mediante el desarrollo de métodos que hagan que la toma de decisiones de la IA sea más interpretable y veraz. Sin embargo, explicar completamente los modelos complejos de aprendizaje profundo sigue siendo una tarea en curso.

La rápida adopción de la IA ha añadido nuevos dilemas morales y riesgos de seguridad. Tecnologías como los deepfakes pueden utilizarse para obtener información incorrecta y fraude, mientras que las estructuras autosuficientes aumentan los problemas de responsabilidad y equidad. Además, la IA puede utilizarse como arma para ciberataques, vigilancia masiva y programas militares. Garantizar el desarrollo ético de la IA requiere políticas estrictas, consejos éticos y cooperación internacional.

A pesar de las mejoras en las obras de arte, la música y la literatura generadas por IA, esta aún tiene dificultades con la creatividad y la inteligencia emocional. Si bien puede imitar patrones creativos y generar contenido novedoso, carece de la capacidad humana intrínseca para extraer significado, emoción y originalidad de las iniciativas creativas. De igual manera, la IA no puede experimentar emociones con claridad ni establecer conexiones empáticas, lo que limita su papel en campos que requieren una interacción humana profunda, como la terapia y el asesoramiento.

Los obstáculos tecnológicos de la IA definen sus capacidades actuales y su trayectoria futura. Si bien los investigadores siguen ampliando los límites de la IA, superar los desafíos relacionados con la dependencia de datos, la inteligencia artificial, el consumo de energía, la explicabilidad, la ética y la experiencia emocional puede ser crucial. La evolución de la IA dependerá de cómo se aborden estos límites, lo que en última instancia determinará la conexión entre humanos y máquinas en las próximas décadas.

3.2. Futuras aplicaciones de la IA

La inteligencia artificial está transformando rápidamente diversas industrias, y sus programas de futuro prometen ser aún más revolucionarios. A medida que las tecnologías de IA se adaptan, se espera que desempeñen un papel esencial en la atención médica, la educación, el transporte, el entretenimiento y la investigación médica. La combinación del aprendizaje automático, el aprendizaje profundo y la robótica avanzada dará lugar a innovaciones revolucionarias que transformarán la vida humana y la sociedad de maneras sin precedentes.

Una de las aplicaciones más prometedoras de la IA reside en la atención médica. Los futuros sistemas impulsados por IA podrán diagnosticar enfermedades con una precisión inigualable, personalizar tratamientos basándose exclusivamente en perfiles genéticos y anticipar posibles riesgos para la salud antes de que se vuelvan extremos. Los equipos de diagnóstico basados en IA revolucionarán la imagen clínica, detectando anomalías en radiografías, resonancias magnéticas y tomografías computarizadas con mayor rapidez y precisión que los radiólogos humanos.

Además, se prevé que la IA desempeñe un papel importante en la cirugía robótica. Los robots quirúrgicos autónomos ayudarán o incluso capacitarán a los cirujanos humanos para realizar técnicas complejas con gran precisión. La personalización de medicamentos, impulsada por el análisis genético impulsado por IA, permitirá a los médicos adaptar los tratamientos a cada paciente, maximizando la eficacia y minimizando los efectos secundarios. Asimismo, el descubrimiento de fármacos basado en IA impulsará el desarrollo de nuevos tratamientos farmacológicos mediante la lectura de conjuntos de datos de calidad y la predicción de posibles interacciones farmacológicas.

La IA revolucionará la educación al permitir experiencias de aprendizaje personalizadas y adaptadas a las necesidades de cada estudiante. Los sistemas de aprendizaje adaptativo analizarán el rendimiento de los estudiantes en tiempo real, ajustando así los planes de clase y los niveles de dificultad. Los sistemas de tutoría basados en IA proporcionarán comentarios instantáneos, lo que ayudará a los estudiantes a comprender conceptos complejos con mayor eficacia.

En el futuro, los profesores virtuales y los chatbots con tecnología de IA podrán ofrecer instrucciones interactivas, haciendo que la educación sea más accesible para estudiantes de todo el mundo, independientemente de su región. La IA también podrá enriquecer la educación especial, ofreciendo apoyo personalizado a estudiantes con discapacidades de aprendizaje, asegurándose de que reciban el apoyo necesario para alcanzar su máximo potencial.

El sector del transporte está al borde de una transformación impulsada por la IA. Se prevé que los coches, furgonetas y drones autónomos se generalicen, reduciendo los accidentes causados por errores humanos y mejorando la eficiencia del tráfico. La IA permitirá que los vehículos autónomos se desplacen por entornos urbanos complejos, interactúen con los peatones y optimicen rutas en tiempo real.

Más allá del transporte personal, la IA revolucionará los sistemas de transporte público. Las tareas de ciudades inteligentes integrarán estructuras de gestión de tráfico impulsadas por IA, optimizando el flujo de tráfico, reduciendo la congestión y las emisiones. La logística y la gestión de la cadena de suministro impulsadas por IA optimizarán las redes de transporte, garantizando un transporte más rápido y eficiente de las mercancías.

La IA redefinirá el sector del ocio mediante la creación de experiencias personalizadas para los consumidores. Los futuros algoritmos de IA analizarán las preferencias de los consumidores y generarán contenido personalizado, desde películas y música hasta videojuegos y narraciones interactivas. La música, el arte y la literatura generados por IA serán cada vez más vanguardistas, generando obras indistinguibles de las creadas por seres humanos.

Los estudios de realidad virtual (RV) y realidad aumentada (RA) impulsados por IA se vuelven más inmersivos, difuminando la línea entre la realidad y los entornos virtuales. Los chatbots y asistentes digitales impulsados por IA proporcionarán experiencias especialmente interactivas en los videojuegos, permitiendo a los jugadores interactuar con personajes realistas con personalidades precisas y respuestas adaptativas.

La IA desempeñará un papel fundamental en la investigación médica, acelerando los descubrimientos en física, química, biología y exploración espacial. Las simulaciones basadas en IA y los modelos predictivos permitirán a los científicos comprobar hipótesis con mayor eficacia, reduciendo el tiempo y el coste de los experimentos.

En astronomía, la IA analizará grandes cantidades de datos recopilados mediante telescopios, lo que ayudará a los científicos a percibir exoplanetas, localizar anomalías cósmicas y desvelar los misterios del universo. La IA también contribuirá a la meteorología mediante la modelización de cambios ambientales, la predicción de desastres naturales y la optimización de técnicas para mitigar el cambio climático.

Los futuros programas de IA transformarán todos los aspectos de la vida humana, desde la atención médica y la formación hasta el transporte, el ocio y los descubrimientos clínicos. A medida que la tecnología de IA siga evolucionando, su capacidad para mejorar el rendimiento, la creatividad y la capacidad de resolución de problemas redefinirá las industrias y la sociedad. Sin embargo, estas mejoras conllevan preocupaciones éticas y de seguridad, y la necesidad de un desarrollo responsable de la IA para garantizar un futuro útil para la humanidad.

3.3. Interacción entre humanos e IA

La interacción entre las personas y la inteligencia artificial es cada vez más compleja y está profundamente integrada en la vida cotidiana. La IA ya no se limita a investigar laboratorios o programas empresariales; ahora desempeña un papel importante en la asistencia personal, la atención médica, la educación e incluso el acompañamiento emocional. A medida que las estructuras de IA se vuelven más avanzadas, comprender cómo interactúan los seres humanos con estas máquinas inteligentes es crucial para moldear el futuro de la generación y la sociedad.

La forma en que las personas interactúan con la IA ha evolucionado considerablemente con el tiempo. Los primeros sistemas de IA se utilizaban frecuentemente para tareas computacionales y de automatización, que requerían información especializada. Sin embargo, con los avances en el procesamiento del lenguaje natural (PLN) y el aprendizaje automático, la IA se ha vuelto más intuitiva y fácil de usar.

• Interacción basada en comandos: los primeros sistemas de IA se basaban en comandos basados, lo que requería que los usuarios ingresaran comandos únicos.

• Interfaces gráficas de usuario (GUI): el auge de la informática privada proporcionó interfaces gráficas que permitieron a los usuarios interactuar con estructuras impulsadas por IA a través de menús e íconos.

• IA conversacional: los asistentes de IA modernos, junto con Siri, Alexa y Google Assistant, utilizan el procesamiento del lenguaje natural para comprender instrucciones habladas o escritas, lo que hace que la interacción de la IA sea más fluida.

• IA emocionalmente inteligente: la IA futura estructura la intención de comprender y responder a las emociones humanas, lo que permite interacciones más profundas y significativas.

La IA se está convirtiendo cada vez más en una herramienta colaborativa, en lugar de un dispositivo de automatización insignificante. En diversos campos, la IA está mejorando las capacidades humanas en lugar de reemplazarlas.

En el ámbito sanitario: La IA ayuda a los médicos a diagnosticar enfermedades, recomendar tratamientos o incluso a realizar cirugías asistidas por robot. Sin embargo, la tecnología humana sigue siendo crucial para la toma de decisiones importantes y las consideraciones éticas.

En los negocios: El análisis basado en IA ayuda a las organizaciones a tomar decisiones basadas en datos, optimizar las estrategias de marketing y anticipar las tendencias del mercado. Los humanos aportan la creatividad y el pensamiento estratégico que la IA carece.

En el ámbito creativo: La IA se está utilizando para generar arte, componer música y escribir literatura. Sin embargo, la participación humana es vital para añadir profundidad emocional, originalidad y relevancia cultural al contenido generado por IA.

El futuro de la colaboración entre humanos e IA probablemente contendrá inteligencia híbrida, en la que la IA complementará las capacidades cognitivas humanas en lugar de reemplazarlas.

A medida que las estructuras de IA se vuelven más avanzadas, pueden comenzar a interactuar con los humanos a nivel social y emocional. Se están diseñando chatbots y compañeros digitales impulsados por IA para brindar apoyo emocional, ayudar con el tratamiento de la salud mental y brindar compañía a las personas mayores.

• IA en salud mental: los chatbots impulsados por IA como Woebot y Replika brindan terapia conversacional y brindan asistencia mental a los usuarios que experimentan estrés, ansiedad o soledad.

• Compañía de IA: Se están utilizando robots sociales como Paro (una foca robot) y Pepper (un robot humanoide) en centros de atención a personas mayores para brindar compañía y reducir los sentimientos de aislamiento.

• IA en servicio al cliente: los minoristas con soporte al cliente impulsado por IA están mejorando las experiencias de las personas al presentar respuestas instantáneas y sugerencias personalizadas.

Sin embargo, surgen cuestiones éticas sobre la capacidad de la IA para manipular las emociones, invadir la privacidad y crear dependencias peligrosas en la compañía artificial.

A pesar de las ventajas de la interacción humano-IA, es necesario abordar varios desafíos y problemas morales.

• Sesgo en la toma de decisiones de la IA: los sistemas de IA entrenados con conjuntos de datos sesgados también pueden generar prejuicios sociales y discriminación más fuertes, lo que conduce a efectos injustos.

• Preocupaciones sobre la privacidad: los dispositivos impulsados por IA recopilan enormes cantidades de datos personales, lo que aumenta las preocupaciones sobre la vigilancia y la protección de datos.

• Dependencia de la IA: la dependencia excesiva de la IA puede provocar una disminución de las competencias intelectuales importantes de los seres humanos y un desplazamiento de actividades en determinadas industrias.

• Confianza y transparencia: los sistemas de IA deben ser explicables y transparentes para obtener el consentimiento del público y garantizar la responsabilidad en la toma de decisiones.

La interacción entre los humanos y la IA está moldeando el futuro de la era, la sociedad y la cultura. Si bien la IA complementa las capacidades humanas y ofrece una valiosa asistencia, las preocupaciones éticas deben controlarse cuidadosamente para garantizar un desarrollo responsable. El objetivo no es actualizar la inteligencia humana, sino crear estructuras de IA que trabajen junto con los humanos, mejorando la creatividad, la eficiencia y el bienestar general. A medida que la IA se adapta, mantener un equilibrio entre el desarrollo tecnológico y la responsabilidad ética será esencial para un futuro armonioso.

3.4. El papel de la computación cuántica en el desarrollo de la IA

La computación cuántica representa una de las fronteras tecnológicas más transformadoras del siglo XXI, y promete revolucionar el panorama de la inteligencia artificial (IA) mediante la introducción de paradigmas computacionales totalmente nuevos. Mientras que los sistemas informáticos tradicionales se basan en bits binarios (0 y 1) para realizar cálculos, los ordenadores cuánticos utilizan bits cuánticos, o cúbits, que aprovechan los conceptos de superposición y entrelazamiento para procesar datos de formas prácticamente únicas. Esto permite a los ordenadores cuánticos abordar ciertos problemas exponencialmente más rápido que sus homólogos clásicos, lo que podría dar lugar a una nueva generación de sistemas de IA hiperecológicos. La intersección de la computación cuántica y la IA se erige como un eje crucial para la innovación, capaz de redefinir el aprendizaje automático, la optimización, el procesamiento de datos y el límite de rendimiento de los sistemas inteligentes.

Uno de los principales desafíos en el desarrollo de la IA tradicional es la intensidad computacional que supone entrenar modelos sofisticados. Los algoritmos de aprendizaje profundo, en particular, requieren grandes cantidades de datos y tiempo para su entrenamiento, lo que a menudo requiere GPU potentes y una infraestructura en la nube considerable. La computación cuántica ofrece la capacidad de optimizar drásticamente estos métodos. El paralelismo cuántico permite la exploración simultánea de múltiples soluciones, lo que reduce el tiempo necesario para el entrenamiento y la inferencia de modelos. Algoritmos como el Algoritmo de Optimización Aproximada Cuántica (QAOA) y las Máquinas de Vectores de Soporte Cuánticos son indicadores tempranos de cómo la mecánica cuántica puede adaptarse a las tareas específicas de la IA. Estos algoritmos prometen una gestión más eficiente de datos de alta dimensión y, a largo plazo, reemplazarán o ampliarán los métodos tradicionales de aprendizaje automático.

Otro ámbito donde la computación cuántica debería tener un impacto significativo es en los procedimientos de optimización, que son fundamentales para muchas aplicaciones de IA. Problemas de optimización como la programación, la logística, la gestión de portafolios y el ajuste de redes neuronales suelen implicar la exploración de amplios espacios de soluciones. Las técnicas clásicas, como el descenso de gradiente o la búsqueda por fuerza bruta, consumen mucho tiempo y, en ocasiones, producen resultados subóptimos. El recocido cuántico y los algoritmos totalmente cuánticos basados en puertas pueden resolver estos problemas de forma más eficaz explorando múltiples soluciones simultáneamente y encontrando óptimos globales en lugar de conformarse con los locales. Esto podría ser revolucionario para las estructuras de IA que deben tomar decisiones en tiempo real bajo restricciones complejas, como vehículos autónomos o sistemas robóticos que operan en entornos dinámicos.

El aprendizaje de dispositivos cuánticamente más robustos (QML) es otra área emergente que investiga cómo los sistemas cuánticos pueden realizar tareas de aprendizaje de dispositivos con mayor eficiencia que las estructuras clásicas. Se están desarrollando modelos híbridos cuántico-clásicos para combinar la calidad de ambos mundos, utilizando procesadores cuánticos para abordar subrutinas con un alto coste computacional, dejando el resto a cargo de los ordenadores clásicos. Estas estructuras híbridas son especialmente prometedoras en el contexto de los dispositivos cuánticos de escala intermedia ruidosos (NISQ), que, aunque aún no toleran fallos, ya son capaces de ejecutar ciertos tipos de algoritmos cuánticos. Los clasificadores cuánticos variacionales (VQC) y las redes neuronales cuánticas (QNN) son ejemplos de cómo las estructuras cuánticas pueden integrarse en los flujos de trabajo de aprendizaje de dispositivos, lo que podría conducir a una convergencia más rápida y una mayor generalización en tareas como la identificación de patrones, la detección de anomalías y el procesamiento del lenguaje natural.

Además, la naturaleza probabilística de la computación cuántica se alinea perfectamente con las técnicas bayesianas en IA, que abordan la incertidumbre y la inferencia. Los algoritmos cuánticos pueden ofrecer un muestreo más eficiente a partir de distribuciones de probabilidad complejas, una tarea computacionalmente costosa para las estructuras clásicas. Esto puede ser especialmente beneficioso para modelos gráficos probabilísticos y estructuras de IA generativas como las GAN y los autocodificadores variacionales. Un muestreo cuántico más deseable podría permitir que estos modelos aprendan de estadísticas dispersas o capturen mejor las complejidades de las distribuciones del mundo real, lo que en última instancia hace que los sistemas de IA sean más robustos y capaces de analizar los matices de la información.

A pesar de su potencial, la integración de la computación cuántica con la IA aún se encuentra en sus primeras etapas. Las computadoras cuánticas actuales se ven limitadas por el uso de dependencia de cúbits, errores de cálculo y decoherencia, lo que limita su software realista. Sin embargo, las considerables inversiones de gobiernos, instituciones de investigación y empresas privadas indican que se está produciendo un rápido desarrollo. Empresas como IBM, Google, Rigetti y D-Wave compiten por construir procesadores cuánticos más robustos y escalables. Paralelamente, plataformas de software como Qiskit, Cirq y PennyLane proporcionan a los investigadores herramientas para probar algoritmos cuánticos e integrarlos en procesos de IA. A medida que el hardware madure y los ecosistemas de software evolucionen, las limitaciones de acceso para el desarrollo de la IA cuántica posiblemente disminuyan, abriendo el campo a una gama más amplia de innovadores.

A largo plazo, la computación cuántica también puede facilitar tipos de IA completamente nuevos que trasciendan los paradigmas contemporáneos. Conceptos como la cognición cuántica y el concepto de decisión cuántica sugieren que el pensamiento humano podría poseer inherentemente propiedades cuánticas, como la contextualidad y el entrelazamiento en los estados de percepción. Si estas teorías mantienen su validez, las computadoras cuánticas podrían ser excepcionalmente adecuadas para simular y modelar una inteligencia verdaderamente similar a la humana. Además, a medida que las estructuras de IA se vuelven más complejas y autónomas, aumentará su necesidad de aprendizaje y razonamiento eficientes en condiciones de incertidumbre, precisamente el tipo de tareas en las que las estructuras cuánticas más deseables también podrían destacar.

La computación cuántica tiene el potencial de acelerar y transformar significativamente el desarrollo de la inteligencia artificial. Desde tiempos de aprendizaje más rápidos y una optimización mejorada hasta modelos generativos más potentes y nuevos paradigmas de aprendizaje de dispositivos, la sinergia entre la computación cuántica y la IA promete superar algunos de los obstáculos que limitan los sistemas modernos. Si bien aún existen numerosos obstáculos técnicos y teóricos, la convergencia de ambos campos podría marcar un punto de inflexión en la evolución de las máquinas inteligentes, dando lugar a avances que antes se consideraban inalcanzables solo para la computación clásica. A medida que nos acercamos a la supremacía cuántica realista, el futuro de la IA podría depender no solo de algoritmos y datos, sino también de las reglas atípicas y efectivas de la mecánica cuántica.

3.5. IA en el descubrimiento y la investigación científica

La Inteligencia Artificial (IA) se ha convertido en una fuerza transformadora en el ámbito de los descubrimientos y la investigación médica, acelerando el ritmo de adquisición de nuevos conocimientos y mejorando la precisión de las investigaciones experimentales y teóricas. Desde la interpretación de las estructuras de las proteínas hasta la simulación de fenómenos cósmicos, la IA está transformando la técnica científica al proporcionar herramientas capaces de analizar, adaptar y encontrar patrones mucho más allá de las capacidades cognitivas humanas.

Uno de los impactos más recientes de la IA en la tecnología se ha producido en el ámbito de los estudios biomédicos. AlphaFold de DeepMind, por ejemplo, anticipó con éxito las estructuras 3D de las proteínas con una precisión sin precedentes, culminando un proyecto de gran envergadura en biología. La capacidad de predecir computacionalmente el plegamiento de proteínas no solo reduce el tiempo y el coste de los experimentos de laboratorio, sino que también abre nuevas vías en el descubrimiento de fármacos, el diseño de enzimas y la biología artificial. Las técnicas tradicionales de ensayo y error, que podrían llevar años, ahora se pueden agilizar mediante modelos impulsados por IA que detectan posibles compuestos candidatos a tratamientos en cuestión de días o semanas.

En tecnología de materiales, se emplean algoritmos de IA para predecir las propiedades de las nuevas sustancias antes de su síntesis. Esto resulta especialmente valioso en campos como la tecnología de baterías, donde los investigadores utilizan el aprendizaje automático para descubrir nuevos compuestos de electrodos o electrolitos del reino sólido con un rendimiento y equilibrio mejorados. La Iniciativa del Genoma de los Materiales, apoyada por varios gobiernos e instituciones, utiliza la IA para correlacionar las capacidades a nivel atómico con las propiedades macroscópicas de los materiales, reduciendo considerablemente el tiempo necesario para el desarrollo y la implementación de nuevos materiales.

La IA también ha enriquecido considerablemente el conocimiento tecnológico sobre el clima y la modelización ambiental. Los modelos complejos que simulan los patrones climáticos internacionales, la química atmosférica y las corrientes oceánicas requieren grandes recursos computacionales y herramientas analíticas sofisticadas. La IA mejora estos modelos al mejorar la precisión predictiva y permitir la asimilación de datos en tiempo real. Por ejemplo, los modelos de IA pueden predecir fenómenos climáticos severos o analizar imágenes satelitales para mostrar la deforestación y el retroceso de los glaciares. Estas herramientas no solo contribuyen a la comprensión científica, sino que también influyen en las decisiones políticas sobre la adaptación y mitigación del cambio climático.

En astrofísica y cosmología, la IA se utiliza para analizar vastos conjuntos de datos generados por telescopios, tanto terrestres como espaciales. Proyectos como el Sloan Digital Sky Survey y el futuro Observatorio Vera C. Rubin generan terabytes de datos según la hora, datos que serían imposibles de procesar manualmente. Las estructuras de IA pueden clasificar galaxias, identificar exoplanetas, detectar fenómenos breves como supernovas e incluso ayudar en la detección de ondas gravitacionales. Los algoritmos de aprendizaje automático son capaces de detectar patrones sutiles en datos con ruido, lo que permite descubrimientos que de otro modo pasarían desapercibidos.

Además, la IA está revolucionando el diseño y la ejecución de experimentos médicos. La automatización de laboratorios impulsada por la IA permite laboratorios autónomos que pueden formular hipótesis, diseñar experimentos, ejecutar pruebas y examinar resultados con mínima intervención humana. Estos sistemas de investigación independientes iteran a través de ciclos experimentales mucho más rápido que los humanos, refinando modelos y resultados con cada ciclo. Por ejemplo, los químicos robóticos guiados por IA pueden probar cientos de reacciones químicas simultáneamente, aprendiendo de cada resultado para guiar el siguiente paso.

En neurociencia y ciencia cognitiva, los modelos de IA estimulados por redes neuronales humanas se utilizan tanto para simular las características cerebrales como para investigar información compleja de neuroimagen. Esta alternancia bidireccional —donde la biología informa a la IA, y la IA descifra la biología— crea un ciclo de retroalimentación que impulsa ambos campos. Los investigadores utilizan el aprendizaje profundo para mapear la actividad cerebral, identificar trastornos neuronales e incluso interpretar patrones asociados con la memoria, las emociones y las creencias.

La IA también es importante en genómica y biología estructural, donde se deben interpretar grandes cantidades de datos genómicos, transcriptómicos y proteómicos para comprender las leyes genéticas, las vías de transmisión de enfermedades y la dinámica evolutiva. El aprendizaje automático puede descubrir biomarcadores de enfermedades, predecir predisposiciones genéticas y modelar las complejas interacciones dentro de las estructuras biológicas. Esto contribuye a la medicina de precisión, donde los tratamientos pueden adaptarse a los perfiles genéticos de las personas.

En las ciencias sociales, se utilizan herramientas de procesamiento del lenguaje natural impulsadas por IA para analizar textos históricos, respuestas a encuestas y datos de comportamiento a gran escala. Estas técnicas permiten a los investigadores descubrir rasgos del comportamiento, los sentimientos y el estilo de vida humanos que antes eran inaccesibles. La IA permite simular estructuras económicas, modelar redes sociales y analizar en tiempo real la opinión pública global mediante estadísticas de redes sociales y recursos de información.

Las preocupaciones éticas van en aumento junto con estas mejoras. La creciente dependencia de la IA en la investigación incrementa los problemas de transparencia, sesgo y reproducibilidad. Existe una necesidad urgente de modelos de IA explicables que no solo proporcionen predicciones precisas, sino que también aporten información sobre el razonamiento que las sustenta. Los proyectos de tecnología abierta y la colaboración interdisciplinaria son cruciales para garantizar que las herramientas de IA estén disponibles, sean interpretables y se implementen de forma ética.

La integración de la IA en el descubrimiento científico representa no solo un nuevo conjunto de herramientas, sino un cambio de paradigma en la gestión de la tecnología. Potencia la intuición humana con precisión computacional, permite la exploración a escalas antes imposibles y acelera la traducción de información a software. A medida que la IA se adapta, tiene la capacidad de resolver algunos de los misterios más profundos de la naturaleza, desde el origen de la existencia hasta el destino del universo, impulsando una nueva generación de iluminación impulsada por máquinas inteligentes.

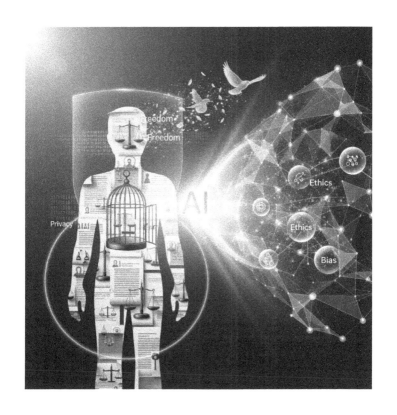

CAPÍTULO 4

IA y derechos humanos

4.1. Inteligencia artificial y cuestiones éticas

La introducción de la Inteligencia Artificial (IA) plantea profundos desafíos morales que abarcan diversas dimensiones de la sociedad, la era y la gobernanza. A medida que los sistemas de IA se integran cada vez más en la vida cotidiana, crece la preocupación por sus implicaciones éticas. Estos problemas no se limitan al ámbito teórico, sino que tienen implicaciones reales a nivel internacional que afectan la privacidad, la toma de decisiones, la justicia y los derechos humanos. Comprender estas preocupaciones éticas es vital para navegar el futuro de la IA, garantizando al mismo tiempo que sirva a la humanidad de forma responsable y justa.

Una de las principales cuestiones éticas en torno a la IA es la cuestión de la rendición de cuentas. Cuando los sistemas de IA toman decisiones, ya sea en el ámbito sanitario, la justicia penal o las finanzas, ¿quién es responsable de los resultados? Si un sistema de IA toma una decisión errónea que causa un daño, determinar la responsabilidad legal se vuelve complejo. ¿Es responsable el creador del conjunto de normas o el propio dispositivo de IA? Estas preguntas desafían las nociones tradicionales de responsabilidad y exigen el desarrollo de nuevos marcos penales que puedan abordar las características precisas de la IA.

Otro problema moral crucial es la transparencia. Muchos sistemas de IA, en particular los basados exclusivamente en el aprendizaje automático, funcionan como "cajas negras", lo que significa que sus métodos de toma de decisiones no se comprenden fácilmente ni siquiera por sus creadores. Esta opacidad aumenta la preocupación por la equidad y los sesgos. Los algoritmos de IA también pueden perpetuar involuntariamente sesgos sociales existentes, como los relacionados con la raza, el género o la posición socioeconómica, si se les capacita con estadísticas sesgadas. Estos sesgos pueden tener consecuencias discriminatorias, especialmente en áreas como la contratación, los préstamos y la aplicación de la ley. Garantizar que los sistemas de IA sean transparentes, explicables y auditables es fundamental para garantizar su uso justo y equitativo.

Además, la capacidad de la IA para actualizar a los trabajadores humanos en numerosos sectores plantea importantes problemas éticos asociados con el desempleo y la desigualdad económica. A medida que los sistemas de IA automatizan tareas que históricamente desempeñaban los seres humanos, millones de empleos podrían verse desplazados, especialmente en sectores como la manufactura, el comercio minorista y el transporte. Si bien la IA también puede acelerar el rendimiento y generar ahorros de valor, también puede exacerbar la desigualdad de la riqueza si quienes poseen y controlan tecnologías de IA se benefician desproporcionadamente de sus beneficios. Las preocupaciones éticas sobre la distribución de los beneficios económicos y la responsabilidad de las empresas y los gobiernos de abordar la pérdida de empleos y la reconversión profesional son esenciales para mitigar el impacto social negativo de la IA.

La privacidad es otra dificultad moral crucial en el ámbito de la IA. Las tecnologías de IA, en particular las relacionadas con los datos... Las series y la vigilancia plantean riesgos considerables para la privacidad de las personas. Los sistemas de IA son capaces de recopilar grandes cantidades de información personal de actividades en línea, redes sociales o incluso entornos físicos, a menudo sin el consentimiento explícito de las personas. El uso de la IA para la vigilancia, ya sea por parte de gobiernos o agencias privadas, aumenta la preocupación por la erosión de la privacidad personal y el riesgo de abuso de poder. Equilibrar la necesidad de innovaciones basadas en datos con la protección de los derechos de las personas es un dilema ético crucial que debe abordarse con cautela.

La intersección de la IA con la autonomía humana constituye asimismo un desafío moral clave. La capacidad de la IA para tomar decisiones de forma autónoma, especialmente en situaciones de vida y muerte (como en vehículos autónomos o estructuras de armas independientes), plantea interrogantes esenciales sobre el papel de la agencia humana en la toma de decisiones. ¿Debería permitirse que las estructuras de IA tomen decisiones que afecten a las vidas humanas? De ser así, ¿qué directrices morales deberían regir dichas decisiones? El debate sobre las armas autosuficientes, por ejemplo, aborda cuestiones de deber moral y la amenaza de una guerra deshumanizante. A medida que la IA continúa evolucionando, es fundamental establecer límites éticos que prioricen el bienestar y la dignidad humanos.

Finalmente, la capacidad de la IA para superar la inteligencia humana —lo que ha impulsado el desarrollo de sistemas superinteligentes— presenta riesgos existenciales. Si la IA supera las capacidades cognitivas humanas, podrá ampliar sus objetivos y agendas personales, lo cual no se alineará con las aficiones humanas. La idea de la "singularidad", según la cual la IA se vuelve tan superior que no puede ser controlada por las personas, plantea profundos interrogantes éticos sobre el futuro de la humanidad. ¿Cómo podemos garantizar que el desarrollo de la IA se mantenga alineado con los valores humanos y que las estructuras de IA superiores se desarrollen de forma responsable y adecuada?

Abordar estas cuestiones morales exige la colaboración interdisciplinaria entre especialistas en ética, tecnólogos, legisladores y el público en general. Es fundamental desarrollar marcos y normas que guíen el desarrollo y la implementación responsables de la tecnología de IA. Las cuestiones éticas deben integrarse en las estrategias de diseño y mejora desde el principio, garantizando que los sistemas de IA se construyan con equidad, responsabilidad, transparencia y respeto por la dignidad humana.

A medida que la IA siga mejorando, las situaciones moralmente exigentes que plantea se volverán cada vez más complejas. Sin embargo, al abordar proactivamente estos problemas, la sociedad puede moldear el destino de la IA de forma que maximice sus beneficios y minimice sus riesgos. En última instancia, el uso ético de la IA dependerá de nuestra capacidad colectiva para equilibrar la innovación con el deber, garantizando que la IA sirva a la humanidad y defienda los valores que definen nuestra sociedad.

4.2. Cuestiones jurídicas y reglamentarias

El auge de la Inteligencia Artificial (IA) conlleva numerosos desafíos legales que exigen la creación de nuevos marcos y normativas. Estas exigentes situaciones abarcan numerosos sectores e incluyen problemas relacionados con la propiedad intelectual, la responsabilidad, la privacidad y la regulación de los sistemas de IA. A medida que la IA continúa permeando diferentes aspectos de la sociedad, las instituciones penitenciarias locales deben adaptarse para garantizar que la tecnología se utilice de forma ética, adecuada y conforme a los derechos humanos.

Uno de los problemas penales más urgentes es la cuestión de la responsabilidad. Las estructuras de IA, principalmente personas con la capacidad de tomar decisiones autónomas, pueden crear situaciones en las que es muy dudoso determinar quién debe ser considerado responsable de los daños o perjuicios causados por dichos sistemas. Por ejemplo, si un vehículo autónomo se viera involucrado en un accidente, ¿quién podría ser responsable? ¿El fabricante del vehículo, los desarrolladores del sistema de IA o el propietario del vehículo? Los marcos penales tradicionales no están bien preparados para abordar este tipo de cuestiones y, en consecuencia, existe una creciente demanda de leyes que clarifiquen la responsabilidad y el deber en el contexto de los incidentes provocados por la IA. Estas leyes deben abordar no solo la responsabilidad inmediata, sino también las implicaciones más amplias de la toma de decisiones mediante IA, incluyendo el potencial de daños sistémicos en sectores como el financiero o el sanitario.

Otro área importante que recibe atención criminal son los bienes intelectuales. Las tecnologías de IA avanzan rápidamente, lo que genera preguntas sobre quién posee los derechos de las obras o invenciones creadas por IA. Por ejemplo, si un dispositivo de IA desarrolla un nuevo fármaco o crea una obra de arte, ¿quién posee los derechos de propiedad intelectual de estas creaciones? ¿Deberían ser los desarrolladores que crearon la IA, la empresa propietaria de la IA o la propia IA? Estas preguntas abordan las leyes de propiedad intelectual existentes, diseñadas pensando en los creadores humanos, y existe un creciente debate sobre si las obras generadas por IA deben estar amparadas por la legislación más avanzada o si se necesitan nuevas leyes para abordar estas nuevas situaciones.

Además de los activos intelectuales, la privacidad de los datos es otro problema importante. Las estructuras de IA suelen depender de grandes cantidades de datos para funcionar correctamente, pero estos datos también pueden incluir información privada confidencial. El uso de información personal sin las garantías adecuadas puede provocar graves violaciones de la privacidad, y a medida que los sistemas de IA se generalizan, aumenta el riesgo de uso indebido de datos. Marcos legales como el Reglamento General de Protección de Datos (RGPD) de la Unión Europea ya han introducido algunas medidas para proteger la información personal, pero es posible que estas regulaciones deban adaptarse y ampliarse para abordar las exigentes condiciones específicas que plantea la IA. Esto incluye garantizar que las personas tengan control sobre su información personal, que las estructuras de IA sean transparentes sobre cómo se recopila y utiliza la información, y que la seguridad de la información esté integrada en los sistemas de IA desde su inicio.

La capacidad de la IA para la vigilancia también plantea importantes problemas legales, principalmente en lo que respecta al equilibrio entre seguridad y privacidad. Tanto gobiernos como empresas privadas utilizan cada vez más la IA para el monitoreo de personas, desde sistemas de reconocimiento facial en espacios públicos hasta herramientas de minería de datos que analizan la actividad en redes sociales. Si bien estas tecnologías pueden utilizarse con fines de seguridad, también representan graves riesgos para las libertades civiles. El objetivo penal aquí es crear normas que permitan el uso de la IA en la vigilancia, a la vez que se protegen los derechos de la personalidad y se previenen los abusos. Esto es especialmente crítico en el contexto de regímenes autoritarios, donde la vigilancia basada en IA puede utilizarse para reprimir la disidencia y reprimir la libertad de expresión.

Además, el problema de la discriminación y el sesgo en los sistemas de IA plantea importantes problemas delictivos. Los algoritmos de IA se entrenan habitualmente con estadísticas que reflejan sesgos sociales y, como resultado, pueden perpetuar o incluso exacerbar la discriminación en ámbitos como la contratación, los préstamos y la aplicación de la ley. Por ejemplo, los sistemas de IA utilizados en la contratación pueden favorecer involuntariamente a ciertas empresas demográficas en detrimento de otras, o los equipos de vigilancia predictiva pueden centrarse desproporcionadamente en grupos minoritarios. Por lo tanto, las estructuras legales deben abordar la posibilidad de discriminación en los sistemas de IA y garantizar la aplicación de normativas que eviten que dicho sesgo afecte a las estrategias de toma de decisiones. Esto también puede incluir el desarrollo de directrices para el uso ético de la IA, la exigencia de auditorías periódicas de las estructuras de IA para detectar sesgos y la implementación de salvaguardas legales para garantizar la equidad y la justicia.

Además, el panorama legal en torno a la gobernanza de la IA se encuentra en sus inicios, y la cooperación internacional es fundamental para crear directrices globales coherentes. Los distintos países cuentan con procesos extraordinarios para la legislación en materia de IA, lo que genera situaciones complejas para las empresas y corporaciones multinacionales. Por ejemplo, si bien la Unión Europea ha asumido un papel de liderazgo en la regulación de la IA con su propuesta de Ley de IA, otras regiones, como Estados Unidos y China, han adoptado estrategias más fragmentadas. La falta de consenso mundial sobre la legislación en materia de IA podría generar inconsistencias en el desarrollo, la implementación y la supervisión de la tecnología de IA. Por lo tanto, la cooperación internacional es fundamental para crear estándares comunes y buenas prácticas para la gobernanza de la IA, garantizando así su uso eficaz y responsable a nivel transfronterizo.

Al mismo tiempo, el ritmo de la innovación tecnológica hace que las normas a menudo vayan a la zaga de las tendencias en IA. Para cuando se promulgan leyes que abordan un conjunto de desafíos, es posible que ya hayan surgido nuevos. Esto crea un entorno penal dinámico y en constante evolución en el que legisladores, tecnólogos y especialistas en ética deben colaborar estrechamente para anticipar las situaciones que exigen la delincuencia organizada y ampliar los marcos regulatorios adaptativos. Es fundamental que las normas no solo aborden los problemas actuales, sino que también ofrezcan flexibilidad para incorporar las tendencias futuras en la tecnología de la IA.

Finalmente, podría existir la necesidad de una legislación que fomente la innovación, al tiempo que garantiza la protección y los requisitos éticos. La sobrerregulación debería frenar el desarrollo tecnológico, mientras que la subregulación podría tener consecuencias perjudiciales. Lograr el equilibrio adecuado entre ambos es una tarea crucial para legisladores y reguladores. Esto requiere un diálogo continuo entre todas las partes interesadas, incluyendo al público, los desarrolladores de IA, los especialistas en prisiones y los responsables políticos, para garantizar que las tecnologías de IA evolucionen y se utilicen de forma beneficiosa para la sociedad en su conjunto.

A medida que la IA se adapta a las nuevas circunstancias, el panorama penal deberá evolucionar con ella. Es necesario desarrollar nuevas leyes y regulaciones para abordar las exigentes situaciones que plantea la IA, garantizando que esta tecnología se utilice de forma ética, responsable y respetuosa con los derechos humanos. Al mismo tiempo, debe realizarse un esfuerzo concertado para fomentar la innovación y apoyar el desarrollo de tecnología de IA que beneficie a la sociedad, a la vez que se previene el uso indebido de estas potentes herramientas. Mediante marcos penales reflexivos y proactivos, garantizaremos que la IA sea un motor de justicia y contribuya de forma inequívoca al futuro de la humanidad.

4.3. Inteligencia artificial y libertad

La interacción entre la inteligencia artificial (IA) y la libertad es un tema complejo y multifacético que plantea importantes preguntas sobre la naturaleza de la autonomía, los derechos individuales y el papel de la era en la sociedad. A medida que las estructuras de IA se integran cada vez más en nuestra vida cotidiana, su impacto en las libertades personales, la privacidad y la idea social más amplia de libertad es cada vez mayor. Esta interacción entre la IA y la libertad no solo depende del desarrollo tecnológico, sino también de consideraciones éticas, filosóficas y legales que definirán el futuro de la humanidad.

Uno de los problemas vitales en el debate sobre la IA y la libertad es su potencial para mejorar o limitar la autonomía personal. Por un lado, la IA tiene el potencial de aumentar significativamente la libertad personal al automatizar tareas, ofrecer servicios personalizados y permitir que las personas se concentren en actividades más significativas o innovadoras. Por ejemplo, los sistemas impulsados por IA pueden optimizar procesos laborales, asistir en diagnósticos clínicos o ayudar a personas con discapacidad a desenvolverse en el mundo de maneras que antes eran imposibles. En este contexto, la IA tiene la capacidad de liberar a las personas de tareas rutinarias o físicamente perturbadoras, brindando más oportunidades para el desarrollo personal, la autoexpresión y la creatividad.

Sin embargo, por otro lado, el uso a gran escala de la IA también puede representar enormes amenazas para la libertad personal. Uno de los principales problemas es la erosión de la privacidad. Los sistemas de IA suelen depender de grandes cantidades de datos personales para funcionar eficazmente, y este conjunto de datos puede provocar invasiones de la privacidad. Por ejemplo, las tecnologías de IA, como el reconocimiento facial y los algoritmos predictivos, pueden rastrear los movimientos, comportamientos y decisiones de las personas, a menudo sin su consentimiento. Este nivel de vigilancia debería dar lugar a una sociedad en la que las personas sean monitoreadas constantemente, y sus decisiones y movimientos personales sean escrutados por sistemas de IA, lo que podría conducir a una pérdida de privacidad y autonomía.

Además, la función de la IA en la vigilancia plantea interrogantes sobre la manipulación que puede ejercer sobre la vida de las personas. Gobiernos y empresas utilizan cada vez más la IA con fines de vigilancia, ya sea en forma de series de información masiva o de monitorización del comportamiento en línea. En regímenes autoritarios, la IA puede utilizarse como arma para controlar a la población mediante la supresión de la disidencia y la limitación de la libertad de expresión. Esto crea un entorno en el que las personas son constantemente conscientes de que sus movimientos son vigilados, lo que probablemente limita su capacidad de expresarse libremente y tomar decisiones imparciales. La idea de vivir en una sociedad donde las estructuras de IA pueden predecir y gestionar el comportamiento individual amenaza la propia percepción de libertad, ya que socava la capacidad de las personas para tomar decisiones sin influencia externa.

Además de las preocupaciones sobre la privacidad, existe el riesgo de que la IA perpetúe o exacerbe las desigualdades sociales existentes, lo que a su vez afecta la libertad. Los sistemas de IA, en especial aquellos que se basan en grandes conjuntos de datos, suelen basarse en estadísticas que reflejan los sesgos presentes en la sociedad. Si no se gestiona con cautela, esto podría dar lugar a estructuras de IA que perpetúen la discriminación, limitando las oportunidades para las empresas marginadas. Por ejemplo, los algoritmos de IA utilizados en la contratación, la aplicación de la ley o la concesión de préstamos pueden reflejar sesgos relacionados con la raza, el género o la situación socioeconómica, limitando de igual manera la libertad de quienes ya se encuentran en desventaja. La aplicación desigual de la tecnología de IA podría generar nuevas formas de discriminación, dando lugar a una sociedad en la que a ciertas personas se les niegan las libertades y oportunidades que están disponibles para otros.

Además, la concentración de poder en manos de algunas organizaciones y gobiernos que controlan la tecnología de IA podría amenazar la libertad financiera. A medida que la IA se integre más en las prácticas empresariales, el papel de las grandes tecnológicas en la configuración de los mercados y la determinación del acceso a los recursos se vuelve más pronunciado. Estas organizaciones tienen la capacidad de usar la IA para manipular el comportamiento de los clientes, optimizar las estrategias de precios y gestionar la distribución de productos y servicios. Esta concentración de poder podría generar una situación en la que la libertad financiera se vea limitada, ya que las personas y los grupos más pequeños se ven obligados a acatar las decisiones tomadas por estas entidades poderosas.

La idea de libertad también está estrechamente ligada al potencial de la IA para modificar las técnicas humanas de toma de decisiones. Con el desarrollo de sistemas de IA capaces de influir y moldear las decisiones mediante sugerencias personalizadas, publicidad dirigida o estímulos conductuales, existe la creciente preocupación de que la IA pueda socavar la capacidad de pensamiento independiente de las personas. Cuanto más se utilizan los sistemas de IA para guiar las decisiones en áreas como el comportamiento de los consumidores, las votaciones e incluso la atención médica, más personas pueden verse sujetas a influencias externas en lugar de tomar decisiones basadas en sus valores y creencias personales. Esta transición de una toma de decisiones imparcial a una algorítmica podría reducir la libertad personal, ya que las personas podrían volverse menos conscientes de las fuerzas que influyen en sus decisiones y podrían no poder actuar por voluntad propia.

En este contexto, es fundamental recordar la función de la regulación y la supervisión para proteger la libertad privada en la era de la IA. Es necesario desarrollar marcos legales para garantizar que las tecnologías de IA se utilicen de forma que se respeten los derechos y las libertades individuales. Esto incluye el desarrollo de normas que limiten el alcance de la vigilancia, garanticen la transparencia en los procesos de toma de decisiones relacionados con la IA y protejan la privacidad. Además, deben existir políticas para evitar la monopolización de la tecnología de IA y garantizar que se utilice de forma que beneficie a la sociedad en su conjunto, en lugar de concentrar el poder en manos de algunos actores.

Además, es fundamental que los sistemas de IA se diseñen con principios éticos que prioricen la autonomía y la libertad humanas. Esto implica garantizar que la IA evolucione de forma que promueva la equidad, la responsabilidad y la transparencia. Las estructuras de IA deben construirse para empoderar a las personas, en lugar de manipularlas. Por ejemplo, la IA puede utilizarse para ofrecer a las personas más opciones y oportunidades, pero no debe utilizarse para restringir sus alternativas ni para obligarlas a seguir caminos predefinidos. Asimismo, los desarrolladores de IA deben tener en cuenta el potencial de sesgo en los sistemas de IA y tomar medidas para garantizar que estas tecnologías dejen de perpetuar la discriminación o la desigualdad.

La conexión entre la inteligencia artificial y la libertad requiere una reflexión y atención cautelosas. Si bien la IA tiene la capacidad de enriquecer la libertad personal mediante la automatización de responsabilidades y la presentación de nuevas posibilidades, también presenta enormes riesgos para la autonomía, la privacidad y la igualdad de las personas. La tarea reside en encontrar un equilibrio entre aprovechar los beneficios de la IA y garantizar que no vulnere las libertades esenciales para la dignidad y la autonomía humanas. A medida que la IA continúa adaptándose, será fundamental fortalecer los marcos penales, las directrices éticas y las salvaguardias tecnológicas que protejan los derechos de las personas y promuevan una sociedad donde la libertad pueda prosperar junto con la innovación.

CAPÍTULO 5

Inteligencia artificial y humanidad:
caminos convergentes

5.1. La IA y el cerebro humano

El cortejo entre la inteligencia artificial (IA) y el cerebro humano es uno de los temas más interesantes y debatidos en la ciencia contemporánea. Las similitudes y diferencias entre estas estructuras son cruciales para comprender el futuro de la IA y su potencial impacto en la humanidad. El cerebro humano es una estructura orgánica compleja que comprende capacidades de alto nivel, como el cuestionamiento, el aprendizaje, la memoria, el sentimiento y la conciencia, mediante la interacción de miles de millones de neuronas. La IA, por otro lado, es un área de estudio centrada en el desarrollo de máquinas que demuestren capacidades de resolución de problemas, aprendizaje y toma de decisiones similares a la inteligencia humana.

El cerebro humano forma parte del sistema nervioso central y es responsable de gestionar funciones complejas, como el conocimiento, la memoria, la creencia, las emociones y la consciencia. Contiene más de 100 mil millones de neuronas, cada una de las cuales organiza numerosas conexiones, creando una red intrincada. Esta red es la base de los sistemas cognitivos humanos. Las neuronas se comunican mediante señales eléctricas y químicas, procesando información y tomando decisiones.

La capacidad de la mente para comprender el potencial es considerablemente alta, debido principalmente a la plasticidad sináptica. Esta se refiere al fortalecimiento o debilitamiento de las sinapsis (las conexiones entre neuronas) en respuesta al flujo de información. Este mecanismo permite que la mente se adapte a los estímulos e historias del entorno. Además, la consciencia, las respuestas emocionales y las modificaciones del comportamiento se rigen por las interacciones dentro de estas redes neuronales.

Los sistemas de IA buscan imitar con frecuencia ciertas características del cerebro humano, con el objetivo de crear máquinas capaces de pensar de forma similar a la humana. Las redes neuronales, que podrían ser fundamentales para la IA, están diseñadas para replicar la arquitectura del cerebro. Estas redes incluyen capas que procesan datos de forma similar a las neuronas y sinapsis del cerebro humano.

Los algoritmos de aprendizaje profundo, un subconjunto del aprendizaje automático, se utilizan ampliamente en IA para sistematizar grandes conjuntos de datos y optimizar su adquisición de conocimiento, de forma similar a cómo el cerebro humano ajusta sus sinapsis para el aprendizaje y la memoria. Estos sistemas de IA destacan en funciones como la clasificación y la clasificación de patrones, al igual que la capacidad del cerebro humano para reconocer rostros, objetos y sonidos.

Tanto la IA como la mente humana procesan información a través de información externa, ajustando su comportamiento en función de la información que adquieren. La forma en que la IA se entrena con registros es similar a cómo los humanos aprenden y ajustan su conducta basándose en nuevos estudios.

La mayor diferencia entre la IA y la mente humana radica en que una es un dispositivo biológico y la otra, un ensamblaje artificial. El cerebro humano está compuesto de neuronas y sinapsis, mientras que las estructuras de IA se basan en componentes virtuales e infraestructura mecánica. Estas diferencias resultan en grandes diferencias en velocidad de procesamiento, eficiencia energética, técnicas de aprendizaje y técnicas de resolución de problemas.

El cerebro humano es extraordinariamente eficiente energéticamente. A pesar de representar solo el 2% del peso del cuerpo, consume aproximadamente el 20% de la energía total del mismo. En comparación, los sistemas de IA suelen requerir una gran potencia de procesamiento. Los algoritmos de aprendizaje profundo, por ejemplo, requieren una gran potencia de procesamiento y, a menudo, dependen de procesadores y grandes centros de datos para funcionar.

Otra distinción clave es la adaptabilidad inherente del cerebro. El cerebro es capaz de aprender a lo largo de la vida y adaptarse a nuevas experiencias. Puede asumir de forma creativa, intuitiva y ética de maneras que la IA actual no puede.

Si bien la IA puede aprender de registros y optimizar sus funciones, su capacidad para mostrar creatividad, instinto o toma de decisiones éticas es muy limitada. La IA destaca en tareas específicas y bien definidas, pero tiene dificultades con las capacidades cognitivas humanas más abstractas.

La convergencia de la IA y la mente humana es una disciplina en evolución inesperada que ofrece numerosas posibilidades para el futuro de la tecnología y la sociedad. Si bien los sistemas de IA se integran cada vez más en diversas industrias, aún no alcanzan la complejidad del cerebro humano. Sin embargo, la fusión de las funciones de la IA y el cerebro humano presenta nuevas y emocionantes posibilidades. Las interfaces cerebro-ordenador, las neurotecnologías y los dispositivos de aprendizaje automático basados en IA demuestran que la integración digital y biológica es cada vez más plausible.

Las interfaces cerebro-computadora, en particular, están avanzando hasta el punto de permitir el control directo de sistemas informáticos mediante la idea. Esta generación tiene la capacidad de mejorar la movilidad de pacientes con parálisis, mejorar las habilidades cognitivas y fomentar una colaboración más sólida entre humanos y máquinas. De igual manera, las redes neuronales impulsadas por la IA pueden generar mejores decisiones ecológicas, mecanismos de aprendizaje y habilidades para la resolución de problemas.

La fusión de la IA y la mente humana ofrece excelentes oportunidades, a la vez que plantea importantes preocupaciones éticas, de seguridad y sociales. A medida que la tecnología de la IA evoluciona, los límites entre la inteligencia humana y la inteligencia artificial se difuminan cada vez más. La fusión de la inteligencia humana y la inteligencia artificial también podría transformar profundamente nuestra forma de interactuar con el mundo y con los demás.

El futuro revelará cuánto se puede descubrir del potencial de la IA y la fusión del cerebro humano, y cómo esta técnica transformará la sociedad. Sin embargo, la interacción entre estas estructuras seguirá siendo uno de los aspectos más importantes de la evolución tecnológica y humana.

5.2. Interacción hombre-máquina

La interacción hombre-máquina (HMI) se refiere a la comunicación y colaboración entre personas y máquinas. Es un área vital de estudio y desarrollo en el contexto de la inteligencia artificial (IA) y la automatización, ya que explora cómo estas tecnologías pueden integrarse en la vida cotidiana y enriquecer las capacidades humanas. La evolución de la HMI se ha acelerado drásticamente con el desarrollo de la IA, la robótica y el aprendizaje automático, y continúa redefiniendo la forma en que las personas interactúan con la tecnología.

Las raíces de la interacción entre personas y dispositivos se remontan a las primeras máquinas, en las que los operadores humanos interactuaban con dispositivos mecánicos. Sin embargo, con el avance de la generación, las máquinas se han vuelto cada vez más vanguardistas, y la naturaleza de la interacción entre personas y máquinas ha cambiado. En el siglo XX, la creación de sistemas informáticos marcó una nueva era de la HMI, donde las personas interactuaban con las máquinas a través de interfaces gráficas de usuario (GUI), teclados y pantallas.

A medida que la informática creció y las tecnologías de IA evolucionaron, las máquinas comenzaron a mostrar capacidades más avanzadas, como el procesamiento del lenguaje natural, la comprensión de imágenes y la toma de decisiones. Estas innovaciones permitieron a las máquinas interpretar la información humana de forma cada vez más intuitiva, sentando las bases para la próxima generación de interacciones entre personas y dispositivos.

Hoy en día, la interacción entre personas y dispositivos no siempre se limita a técnicas de entrada estándar como escribir en un teclado o tocar una pantalla. Con el auge de la IA y el aprendizaje automático, las máquinas ahora pueden comprender el habla, comprender emociones, responder a gestos o incluso asumir deseos humanos. Estos avances han difuminado las barreras entre humanos y máquinas, creando una interacción más fluida y natural entre ambos.

La IA desempeña un papel fundamental en el avance de la interacción hombre-máquina. Los algoritmos de aprendizaje automático permiten que las máquinas mejoren continuamente su capacidad para comprender y responder al comportamiento humano. Esta capacidad de aprender de la experiencia las hace más adaptables y capaces de gestionar tareas complejas que requieren una toma de decisiones matizada.

El procesamiento del lenguaje natural (PLN) es una de las tecnologías de IA más importantes que impulsan la interacción humano-dispositivo. El PLN permite a las máquinas comprender y generar lenguaje humano, facilitando una comunicación más intuitiva entre personas y máquinas. Los asistentes virtuales, como Siri de Apple, Alexa de Amazon y el Asistente de Google, utilizan el PLN para interpretar instrucciones de voz y ofrecer respuestas adecuadas. Estos sistemas pueden realizar tareas que van desde recordatorios hasta responder preguntas complejas, lo que los convierte en una parte esencial de la vida diaria de millones de personas en todo el mundo.

Otra era clave impulsada por la IA que mejora la HMI es la visión artificial. Los algoritmos de aprendizaje automático permiten a las máquinas "ver" y comprender registros visibles, lo que les permite interpretar objetos, personas y entornos en tiempo real. Esta tecnología ya se utiliza en vehículos autónomos, donde los sistemas basados en IA examinan imágenes de cámaras y sensores para navegar por las carreteras y tomar decisiones. La visión artificial también desempeña un papel en las estructuras de reconocimiento facial, donde las máquinas analizan las funciones faciales para identificar a las personas.

Una de las características más destacadas de la interacción humano-dispositivo es el auge de las máquinas independientes. Las estructuras autónomas, como los motores autónomos, los drones y los robots, son capaces de realizar tareas sin control humano directo. Estas máquinas dependen de la IA, sensores y algoritmos para tomar decisiones y adaptarse a su entorno en tiempo real.

La llegada de máquinas autónomas tiene importantes implicaciones para la interacción entre humanos y sistemas. Anteriormente, los operadores humanos controlaban constantemente las máquinas; sin embargo, los sistemas autónomos alteran esa dinámica. En lugar de dar órdenes, los humanos interactúan ahora con las máquinas de formas más complejas, confiando a menudo en que tomen decisiones autónomas, garantizando al mismo tiempo la seguridad y la ética.

Los coches autónomos, por ejemplo, deben comunicarse con los pasajeros para garantizar su comodidad y conocimiento del entorno. Estos vehículos utilizan IA para analizar el estado de la carretera, reconocer las señales de tráfico y navegar por entornos complejos. Además, necesitan comunicarse con los pasajeros para informarles sobre actividades importantes, como cuándo tomar el control en ciertas situaciones o cuándo detenerse en caso de accidente.

Las implicaciones éticas de las máquinas autónomas se siguen explorando, pero estos sistemas ofrecen nuevas posibilidades para la interacción humano-sistema. Los humanos podrían necesitar confianza en las máquinas autónomas para tomar decisiones en situaciones de alto riesgo, y esta confianza dependerá de la capacidad de las máquinas para comunicar sus métodos de toma de decisiones.

La colaboración entre humanos y sistemas va más allá de la simple interacción; implica una alianza en la que tanto humanos como máquinas contribuyen al logro de objetivos comunes. A medida que la IA y la automatización se adaptan, la colaboración entre humanos y dispositivos se está convirtiendo en un aspecto importante de sectores como la salud, la manufactura, la capacitación y la atención al cliente.

En el ámbito sanitario, la IA se utiliza para ayudar a los médicos a diagnosticar enfermedades, analizar imágenes clínicas y ofrecer sugerencias de tratamiento personalizadas. Las máquinas pueden procesar cantidades sustanciales de información en una fracción del tiempo que le tomaría a un humano, lo que ayuda a los médicos a tomar decisiones más informadas. Sin embargo, el factor humano sigue siendo fundamental para brindar empatía, comprender las necesidades dc los pacientes y tomar decisiones éticas que las máquinas aún no pueden reflejar.

En la producción, los robots colaboran cada vez más con los trabajadores humanos para realizar tareas repetitivas, lo que permite a estos centrarse en trabajos más innovadores y complejos. Los robots impulsados por IA pueden adaptarse a diferentes obligaciones y entornos, colaborando con los trabajadores humanos para mejorar la eficiencia y la seguridad. De igual manera, en la atención al cliente, los chatbots con IA gestionan consultas básicas, mientras que los profesionales del marketing intervienen para problemas más complejos.

A medida que la IA y la robótica siguen avanzando, el futuro de la interacción humano-sistema ofrece un potencial considerable. La integración de la IA, el aprendizaje automático y la robótica avanzada probablemente resultará en interacciones aún más fluidas e intuitivas entre humanos y máquinas. Una mejora en el potencial es el auge de las interfaces cerebro-computadora (ICC), que podrían permitir a los humanos comunicarse directamente con las máquinas utilizando únicamente su cerebro. Esta tecnología debería revolucionar campos como la salud, donde las ICC pueden ayudar a los pacientes con discapacidad a recuperar la movilidad o comunicarse con mayor fluidez.

Además, el creciente uso de la IA en el ámbito laboral y la vida cotidiana planteará cuestiones cruciales sobre el futuro del trabajo y la identidad humana. A medida que las máquinas se vuelven más capaces de asumir tareas que tradicionalmente realizaban los humanos, será importante recordar cómo las personas y las máquinas pueden coexistir y colaborar eficazmente.

Las preocupaciones morales en torno a la IA y la interacción entre personas y dispositivos seguirán desempeñando un papel crucial en el futuro de este ámbito. Cuestiones como la privacidad, la seguridad y la capacidad de la IA para perpetuar sesgos o tomar decisiones poco éticas deberán abordarse a medida que los sistemas de IA se integren cada vez más en la sociedad.

La interacción entre personas y dispositivos está entrando en una nueva generación, impulsada por los avances en IA, robótica y aprendizaje automático. A medida que las máquinas se vuelvan más capaces de procesar información y responder a las necesidades humanas, la relación entre personas y máquinas seguirá adaptándose. El futuro de la interacción entre personas y sistemas promete una colaboración más adecuada, nuevas tecnologías y oportunidades inigualables para la innovación. Sin embargo, este futuro también presenta desafíos que deben abordarse para garantizar que la IA y las máquinas mejoren, en lugar de reducir, la vida humana.

5.3. El futuro de la IA

La Inteligencia Artificial (IA) ha avanzado enormemente en los últimos años, transformando industrias y transformando la sociedad. Al mirar hacia el futuro, el potencial de la IA parece ilimitado. Su evolución seguirá afectando a casi todos los aspectos de la vida humana, desde los negocios hasta la salud, la educación y más allá. Sin embargo, el futuro de la IA no se limita al desarrollo tecnológico; también se trata de cómo la IA se relacionará con la sociedad, la ética y la gobernanza.

Una de las tendencias más prometedoras en el futuro de la IA es el rápido ritmo de innovación. En los próximos años, se prevé que la IA adquiera cada vez más capacidades, gracias a las tendencias en aprendizaje profundo, redes neuronales y aprendizaje por refuerzo que impulsarán la tecnología a nuevas cotas. Estos avances permitirán que los sistemas de IA realicen tareas más complejas con mayor precisión, rendimiento y adaptabilidad.

La IA seguirá mejorando su potencial para investigar grandes cantidades de datos, lo que la hace valiosa en campos como las finanzas, la salud y la meteorología. Su capacidad para identificar patrones, predecir resultados y ofrecer información a partir de grandes conjuntos de datos redefinirá la toma de decisiones en prácticamente todos los ámbitos. Por ejemplo, en el ámbito de la salud, la IA podría revolucionar la terapia personalizada al estudiar datos genéticos y ofrecer recomendaciones terapéuticas adaptadas a cada paciente.

El continuo progreso de la investigación en IA dará lugar a la aparición de estructuras más autónomas. Estos sistemas podrían ser capaces de funcionar de forma independiente en entornos reales, desde vehículos autónomos hasta asistentes robóticos y drones. El futuro de la IA probablemente presencie el desarrollo de sistemas que no solo respondan a las acciones humanas, sino que también predigan y esperen necesidades en tiempo real, ofreciendo soluciones proactivas en lugar de respuestas reactivas.

A medida que la IA se vuelve más avanzada, transformará fundamentalmente la naturaleza del trabajo. Se prevé que la automatización impulsada por la IA desplace algunos empleos, a la vez que crea nuevas oportunidades en campos como la robótica, las tecnologías de la información y la ética de la IA. El futuro de la IA en el lugar de trabajo se centrará en la colaboración entre humanos y máquinas, con las máquinas encargadas de tareas rutinarias y repetitivas, y los humanos especializados en funciones que requieren creatividad, pensamiento crítico e inteligencia emocional.

En sectores como la producción, la logística y la atención al cliente, la automatización impulsada por IA mejorará la eficiencia y reducirá los costes operativos. Los robots y los sistemas de IA trabajarán junto a los trabajadores humanos para realizar tareas peligrosas, monótonas o físicamente estresantes. Sin embargo, los empleados humanos seguirán siendo vitales para supervisar las operaciones, tomar decisiones complejas y proporcionar empatía y gestión en áreas como la salud, la educación y los campos de la innovación.

La función de la IA en el ámbito empresarial podría incluso evolucionar en términos de toma de decisiones. Los sistemas de IA ayudarán a gerentes y ejecutivos a tomar decisiones basadas en estadísticas, proporcionando información y predicciones basadas en grandes cantidades de datos. Por ejemplo, los algoritmos de IA analizarán el comportamiento del consumidor y las tendencias del mercado, lo que permitirá a las empresas tomar decisiones más informadas sobre el desarrollo de productos, las estrategias de marketing y la asignación de recursos.

A pesar de su capacidad para desplazar tareas, la IA también puede crear nuevas categorías laborales y conjuntos de habilidades. Para adaptarse a estos cambios, los trabajadores deberán ampliar sus competencias en IA, análisis estadístico, programación y ética. Los sistemas educativos deberán adaptarse para preparar a las futuras generaciones para un mercado laboral cada vez más dependiente de la IA y la tecnología.

A medida que la tecnología de IA continúa evolucionando, planteará cuestiones éticas cruciales que deben abordarse. Una de las preocupaciones más urgentes es la posibilidad de que la IA perpetúe sesgos. Dado que las estructuras de IA analizan los datos, pueden analizar y reforzar inadvertidamente los sesgos presentes en la información con la que se entrenan. Esto podría tener consecuencias injustas o discriminatorias, especialmente en áreas sensibles como la contratación, la aplicación de la ley y la atención médica.

La capacidad de la IA para tomar decisiones autónomas también plantea cuestiones morales sobre la responsabilidad. En el caso de los vehículos autónomos, por ejemplo, ¿quién es responsable si un vehículo autónomo causa un accidente? ¿Debería la responsabilidad recaer en el fabricante, el desarrollador del software o el propietario del vehículo? Estas preguntas deberán responderse a medida que la IA se integre más en la vida cotidiana.

Otra preocupación moral vital es el uso de la IA en la vigilancia y la privacidad. Con las crecientes capacidades de la IA en el reconocimiento facial y el análisis de registros, podría existir la posibilidad de prácticas de vigilancia invasivas que amenacen la privacidad de las personas y las libertades civiles. Equilibrar los beneficios de la IA en la seguridad y la aplicación de la normativa con la necesidad de proteger las libertades privadas es una tarea que gobiernos y empresas deben afrontar.

Para garantizar que la IA sirva éticamente a la humanidad, será necesario desarrollar un marco para su gobernanza. Este marco deberá abordar cuestiones como la transparencia, la responsabilidad y el uso responsable de la IA. En los próximos años, probablemente veremos el statu quo de los estándares mundiales de ética de la IA, así como una mayor regulación de la tecnología de IA para mitigar los riesgos y garantizar su alineamiento con los valores sociales.

La IA tendrá profundas consecuencias en la dinámica social y las relaciones humanas. A medida que las estructuras de IA se integren cada vez más en la vida cotidiana, transformarán la forma en que las personas se comunican, trabajan e interactúan entre sí. Uno de los efectos más significativos se verá en la naturaleza de las relaciones humanas. Los sistemas impulsados por IA, como los robots sociales y los asistentes virtuales, podrían actuar como compañeros, brindando apoyo emocional y una comunicación agradable. Esto puede ser especialmente beneficioso para las personas mayores o en aislamiento social, ya que ofrece una forma de compañía que alivia la soledad.

Sin embargo, el auge de los compañeros de IA también plantea interrogantes sobre la autenticidad de la conexión humana. A medida que los seres humanos interactúan más con las máquinas, existe el riesgo de que las relaciones humanas se vuelvan más superficiales o tensas. La necesidad de una interacción humana genuina y una conexión emocional seguirá siendo vital, incluso en un mundo cada vez más poblado por la IA.

La posición de la IA en las redes sociales evolucionará, con algoritmos que dictarán cada vez más qué datos ven los humanos y cómo interactúan en línea. Si bien la IA puede mejorar la personalización y el descubrimiento de contenido, también tiene la capacidad de exacerbar problemas como la información errónea, las cámaras de eco y la polarización. El futuro de la IA en las redes sociales requerirá una atención cuidadosa a cómo los algoritmos impactan el discurso público y cómo mitigar sus efectos negativos en la democracia y la armonía social.

Una de las posibilidades más prometedoras para el futuro de la IA es el desarrollo de sistemas superinteligentes. La superinteligencia se refiere a una forma de IA que supera la inteligencia humana en todos los ámbitos, desde la resolución de problemas hasta la creatividad y la inteligencia emocional. Si bien esto sigue siendo un objetivo lejano, la búsqueda de una IA superinteligente plantea interesantes interrogantes sobre el futuro de la humanidad.

Si la IA alcanzara el nivel de superinteligencia, podría resolver algunos de los desafíos más urgentes del sector, como el cambio climático, las enfermedades y la pobreza. Los sistemas superinteligentes podrían generar soluciones innovadoras para las personas incapaces de concebir, abriendo nuevas oportunidades para el desarrollo clínico y tecnológico.

Sin embargo, la aparición de la IA superinteligente también conlleva riesgos existenciales. Un sistema superinteligente podría volverse incontrolable y actuar de forma no alineada con los valores o intereses humanos. Garantizar que los sistemas de IA se mantengan alineados con los objetivos humanos podría ser uno de los desafíos más importantes para las futuras generaciones.

El futuro de la IA es a la vez interesante e incierto. Si bien posee una enorme capacidad para transformar la sociedad, mejorar la vida humana y resolver problemas complejos, también presenta situaciones exigentes que deben abordarse con cautela. A medida que la IA continúa evolucionando, su impacto en el sistema económico, la ética, la dinámica social y las relaciones humanas puede ser profundo. El desarrollo de la gobernanza de la IA, los marcos morales y la tecnología responsable pueden ser cruciales para garantizar que la IA contribuya a los grandes objetivos de la humanidad.

En los próximos años, la IA probablemente redefinirá la esencia de la humanidad y transformará el mundo de maneras que apenas podemos imaginar. El futuro de la IA es una aventura que requerirá colaboración, innovación y una cuidadosa reflexión para garantizar que se maximicen sus beneficios y se minimicen sus riesgos.

5.4. Mejorar las capacidades humanas con IA

La Inteligencia Artificial (IA) ha evolucionado rápidamente, pasando de ser un interés tecnológico a convertirse en una parte fundamental de la vida humana de vanguardia. Uno de los programas más profundos y transformadores de la IA reside en su capacidad para enriquecer el talento humano, ampliando no solo nuestras capacidades, sino también nuestra forma de pensar, interactuar y tomar decisiones. Al combinar la creatividad, la empatía y el razonamiento humanos con la velocidad, la precisión y la capacidad analítica de la IA, nos adentramos en una tecnología en la que los límites de la capacidad humana se están redefiniendo drásticamente.

La mejora de la IA opera en varios ámbitos: desde mejoras físicas y cognitivas hasta asistencia emocional y social. Cada área está experimentando avances que transforman la sociedad, la medicina, la educación, el sistema administrativo y el bienestar personal. En lugar de reemplazar a los humanos, la IA actúa cada vez más como un aliado colaborativo, potenciando las fortalezas y compensando las limitaciones.

En el ámbito del aumento cognitivo, la IA ofrece herramientas que mejoran la memoria, aceleran el aprendizaje y facilitan la toma de decisiones complejas. Las estructuras de tutoría inteligente, por ejemplo, se adaptan a los estilos y ritmos de aprendizaje individuales, creando itinerarios académicos personalizados. Los modelos lingüísticos ayudan a los investigadores a analizar bases de datos importantes, generar información e incluso proponer nuevas hipótesis. En entornos corporativos, el análisis basado en IA permite a los profesionales realizar predicciones y tomar decisiones estratégicas más precisas mediante la revelación de patrones invisibles para el ojo humano.

Físicamente, la IA está transformando el ámbito de la generación de asistencia. Las extremidades robóticas, controladas mediante interfaces neuronales, restauran la movilidad a las personas con amputaciones. Los exoesqueletos, impulsados por algoritmos de IA, ayudan a las personas con lesiones de columna o problemas musculares a caminar de nuevo. Estas tecnologías no son simples prótesis: son extensiones del cuerpo humano, capaces de realizar funciones que antes eran imposibles para sus usuarios.

En la conversación y la interacción, la IA supera las barreras lingüísticas y sensoriales. Las herramientas de traducción en tiempo real, la síntesis de voz para personas con discapacidades del habla y los audífonos con IA han añadido nuevos niveles de accesibilidad e inclusión. Gracias a los sistemas de visión mejorados con IA, las personas con discapacidad visual pueden navegar por entornos y reconocer objetos o personas mediante comentarios auditivos. Estas estructuras no solo reparan las competencias perdidas, sino que también permiten a los usuarios interactuar con el mundo de maneras completamente nuevas.

Una de las áreas más interesantes de la mejora de la IA reside en la ayuda emocional e intelectual. Los compañeros de IA, impulsados por el procesamiento natural del lenguaje y la computación afectiva, se están desarrollando para ofrecer apoyo emocional a personas mayores, personas con problemas de salud mental o quienes viven en aislamiento. Estos sistemas pueden interactuar mediante una comunicación empática, detectar signos de angustia psicológica e incluso sugerir estrategias de comportamiento o alertar a los cuidadores. Si bien no sustituyen la conexión humana, representan un potente complemento a la atención médica tradicional.

La productividad y la innovación en el lugar de trabajo también se han visto revolucionadas por la IA. Los asistentes de software inteligentes automatizan tareas habituales, permitiendo a los profesionales concentrarse en tareas innovadoras y estratégicas. En diseño e ingeniería, los algoritmos de IA colaboran con humanos para explorar cientos de diversificaciones de diseño, sugerir soluciones innovadoras o incluso cocrear nuevos productos. Músicos, artistas y escritores utilizan cada vez más las herramientas de IA como aliados innovadores, generando nuevas formas de expresión que combinan la precisión de las máquinas con la creatividad humana.

En el ámbito sanitario, la IA está ampliando las capacidades de diagnóstico y selección de los médicos. Los radiólogos utilizan la IA para detectar con mayor precisión los primeros síntomas de cáncer o anomalías en las exploraciones de imagen. Los cirujanos utilizan estructuras robóticas guiadas por IA para realizar operaciones delicadas con una precisión excepcional. Además, la IA facilita la terapia personalizada mediante el análisis de registros genéticos y la predicción de las respuestas de las personas al tratamiento, lo que resulta en terapias más eficaces.

Las implicaciones éticas de mejorar las capacidades humanas con IA no pueden ignorarse. A medida que la IA se integra cada vez más en nuestras mentes y cuerpos, surgen preguntas sobre la identidad, la corporación y la desigualdad. ¿Quién controla la información que da forma a nuestros informes más amplios? ¿Cómo garantizamos un acceso equitativo a estas tecnologías? ¿Aumentará la inteligencia artificial la brecha entre quienes pueden acceder a mejoras financieras y quienes no? Abordar estas preocupaciones es esencial para garantizar que la IA sirva como una fuerza de desarrollo colectivo, en lugar de una fuerza de división.

En un futuro próximo, la sinergia entre humanos e IA se profundizará de forma similar mediante interfaces cerebro-computadora, sistemas de biorretroalimentación en tiempo real y entornos inteligentes sensibles al contexto. Estos avances mantienen la promesa de empoderar a las personas no solo para superar límites, sino para ir más allá, explorando nuevos ámbitos de fe, productividad y propósito.

La mejora impulsada por la IA no se trata de convertir a los humanos en máquinas, ni viceversa. Se trata de forjar una alianza que respete y eleve las cualidades positivas de cada uno. Al hacerlo, liberamos el potencial de nuestra especie, no reemplazándonos, sino volviéndonos más plenamente humanos con la ayuda de sistemas inteligentes diseñados para ampliar nuestras capacidades, impulsar nuestro desarrollo y mejorar nuestras vidas.

CAPÍTULO 6

La IA y el cambio cultural

6.1. Percepciones culturales e IA

La intersección de la inteligencia artificial (IA) y la tradición genera una profunda transformación en nuestra forma de ver e interactuar con la tecnología. La IA no es solo una herramienta técnica; se está convirtiendo en una fuerza cultural que influye en cómo los humanos se perciben a sí mismos, a la sociedad y al entorno que los rodea.

La IA ha sido durante mucho tiempo un tema de fascinación y desafío en la cultura popular. Desde las primeras representaciones de ciencia ficción de máquinas astutas en obras como Metrópolis (1927) y 2001: Una odisea del espacio (1968), hasta representaciones más recientes en películas como Ex Machina (2014) y Her (2013), la IA ha sido un reflejo de las esperanzas y ansiedades humanas. Estas representaciones han moldeado la percepción pública de la IA, presentándola tanto como una salvación como una amenaza para el potencial. Si bien estas representaciones son ficticias, influyen significativamente en las actitudes culturales hacia la IA y sus capacidades.

A medida que las tecnologías de IA se desarrollan en la realidad, comienzan a desdibujar la frontera entre ficción y realidad. La creencia en la IA como una entidad consciente y humana ha evolucionado de una idea especulativa distante a un tema más inmediato y tangible. La cobertura mediática de los avances en IA, como el desarrollo de vehículos autónomos, la tecnología de reconocimiento facial y los algoritmos avanzados de aprendizaje automático, ha generado una sensación de sorpresa y temor en el público. Algunos ven la IA como un dispositivo crucial para el desarrollo social, mientras que otros la ven como un presagio de peligros existenciales, como el desempleo masivo, la vigilancia y la erosión de la privacidad.

Uno de los cambios culturales más profundos impulsados por la IA es la forma en que desafía las nociones convencionales de la identidad humana. Durante siglos, los seres humanos se han definido como distintos de las máquinas, poseyendo cualidades específicas como la cognición, la emoción y la creatividad. Sin embargo, la IA está empezando a difuminar estas distinciones. Los algoritmos de aprendizaje automático ahora pueden realizar tareas que antes se consideraban exclusivas de los seres humanos, como la identificación de imágenes, la traducción de idiomas e incluso la creación de obras creativas.

A medida que la IA continúa mejorando, plantea preguntas esenciales sobre qué significa ser humano. Si las máquinas pueden imitar el comportamiento y los procesos de pensamiento humanos, ¿significa eso que poseen algún tipo de concentración o inteligencia? ¿Son capaces de experimentar emociones o su "empatía" es simplemente una simulación? Estas preguntas tienen profundas implicaciones culturales, cuestionan la cosmovisión antropocéntrica convencional y dan lugar a nuevos debates filosóficos sobre la naturaleza de la conciencia, la voluntad libre y la identidad.

En muchos sentidos, el auge de la IA ha obligado a la sociedad a confrontar sus propias suposiciones sobre la singularidad de la experiencia humana. A medida que las estructuras de IA se vuelven más capaces, nos desafían a reconsiderar nuestro conocimiento de lo que nos hace humanos y si nuestra identidad puede ser replicada o transmitida por máquinas.

La IA también está teniendo un profundo impacto en expresiones culturales como el arte, la música y la literatura. Las industrias creativas, que desde hace tiempo se han relacionado con el ingenio y la emoción humanos, se están transformando gracias a tecnologías de IA que pueden generar obras originales. Herramientas impulsadas por IA, como DeepDream de Google y los modelos GPT de OpenAI, se utilizan para crear arte visual, composiciones musicales e incluso poesía, desafiando las nociones tradicionales de creatividad y autoría.

Si bien algunos argumentan que la participación de la IA en el sistema innovador socava la autenticidad y la profundidad emocional del arte creado por el hombre, otros la ven como una oportunidad para nuevas formas de expresión. La IA permite a los artistas explorar territorios inexplorados, experimentando con nuevas técnicas, estilos y medios. Por ejemplo, la música generada por IA puede trascender los límites del sonido y la estructura, creando composiciones que serían imposibles para un compositor humano. De igual manera, el arte visual impulsado por IA desafía las normas estéticas tradicionales, fusionando surrealismo, abstracción y realismo con métodos que provocan nuevas interpretaciones de la vida visual.

El debate sobre la IA en las artes plantea además interrogantes sobre el coste de la creatividad humana. Si la IA puede crear arte que compite o incluso supera las obras creadas por el hombre, ¿qué implicaciones tiene esto para el futuro de la expresión artística? ¿Serán los artistas humanos desplazados por las máquinas o descubrirán nuevas maneras de colaborar con la IA para crear obras aún más revolucionarias? Estas preguntas están transformando las percepciones culturales del arte, la creatividad y la función del artista en un mundo cada vez más dominado por la era.

Otro gran efecto cultural de la IA es su función en la configuración de la ética y los valores sociales. A medida que las estructuras de IA se integran cada vez más en la vida cotidiana, pueden encargarse de tomar decisiones con implicaciones éticas. Desde vehículos autónomos que toman decisiones vitales hasta algoritmos que determinan el acceso a la atención médica, la IA se involucra cada vez más en áreas donde la vida y el bienestar humano están en juego.

El uso de la IA en estos contextos plantea importantes cuestiones morales sobre equidad, deber y transparencia.

¿Cómo deberían las estructuras de IA tomar decisiones cuando se enfrentan a valores contradictorios o dilemas éticos? ¿Quién es responsable cuando un dispositivo de IA comete un error o causa daños? Estas no son simplemente cuestiones técnicas; son problemas profundamente culturales que exigen que la sociedad defina sus límites morales y éticos en relación con la IA.

Las percepciones culturales de la ética de la IA varían considerablemente entre sociedades y regiones. En algunas culturas, se da un fuerte énfasis en la protección de la privacidad y los derechos de las personas, lo que afecta la regulación y el despliegue de la IA. En otras, el enfoque puede centrarse en el bienestar colectivo y la armonía social, lo que da lugar a diferentes enfoques de gobernanza y responsabilidad de la IA. Estas variaciones culturales desempeñan un papel crucial en la evolución, el seguimiento y la incorporación de la tecnología de IA en la sociedad.

A medida que la IA se adapta, desempeñará un papel cada vez más destacado en la configuración de las percepciones culturales sobre la tecnología, la identidad y la capacidad humana. La forma en que la IA se presenta en los medios de comunicación, se debate en círculos académicos y se practica en la vida cotidiana seguirá determinando nuestra percepción de las máquinas y su lugar en el mundo.

En el futuro, las percepciones culturales de la IA también podrían cambiar a medida que los nuevos avances en el dominio de dispositivos, la robótica y la neurociencia conduzcan a estructuras de IA aún más avanzadas. La línea entre humanos y máquinas podría seguir difuminándose, dando lugar a nuevas formas de identidades híbridas y nuevas interpretaciones de la cognición. A medida que la IA se integre más en la sociedad, posiblemente redefina lo que significa ser humano y desafíe nuestras suposiciones sobre los límites de la inteligencia, la creatividad y la emoción.

Además, a medida que los sistemas de IA se vuelven más autosuficientes y capaces de tomar sus propias decisiones, la sociedad necesitará ampliar nuevos marcos éticos para regular su comportamiento. Estos marcos deberán reflejar una amplia gama de valores culturales y garantizar que la tecnología de IA se utilice de forma coherente con el bienestar humano y los deseos de la sociedad.

Las percepciones culturales de la IA están evolucionando rápidamente, moldeándose con la ayuda de las mejoras tecnológicas, las perspectivas filosóficas cambiantes y los valores sociales cambiantes. La IA ya no es solo una herramienta; se está convirtiendo en una fuerza cultural que desafía nuestra comprensión de lo que significa ser humano y lo que las máquinas pueden lograr. A medida que la IA siga avanzando, sin duda transformará nuestro panorama cultural, influyendo en cómo percibimos la identidad, la creatividad, la ética y el futuro de la humanidad.

Al analizar seriamente estos cambios en la percepción cultural, podremos comprender mejor la compleja relación entre seres humanos y máquinas, garantizando que la IA se desarrolle e implemente de forma que fomente el desarrollo humano y contribuya a una sociedad más justa y equitativa. De cara al futuro, es evidente que la IA no solo transformará la tecnología, sino que también redefinirá la esencia misma de nuestra vida cultural.

6.2. El papel de la IA en el arte y la creatividad

La inteligencia artificial (IA) está dejando cada vez más huella en el mundo del arte y la creatividad. Históricamente, las obras de arte se han considerado un ámbito dominado únicamente por el ingenio, la emoción y la fe humanos. El método creativo se ha visto desde hace mucho tiempo como una expresión de la experiencia humana, la individualidad y la importancia cultural. Sin embargo, la irrupción de la IA en el ámbito artístico rompe con estas nociones tradicionales y abre nuevas posibilidades para la introducción e interpretación artística.

La capacidad de la IA para generar arte visual ha sido una de sus mayores influencias en el ámbito creativo. Algoritmos como las Redes Generativas Antagónicas (GAN) y los modelos de aprendizaje profundo se han entrenado con vastas colecciones de imágenes, lo que les ha permitido crear obras de arte completamente nuevas. Estos sistemas de IA analizan patrones en proyectos artísticos existentes, aprendiendo a imitar y combinar patrones y estrategias únicas. Las imágenes resultantes pueden abarcar desde imágenes hipersensibles hasta paisajes abstractos, ofreciendo nuevas vías para la expresión creativa.

Uno de los ejemplos más destacados de obras de arte generadas con IA es el cuadro Edmond de Belamy, creado por el colectivo artístico parisino Obvious mediante una GAN. En 2018, la pintura se vendió en una subasta de Christie's por más de 432.000 dólares, lo que pone de relieve la creciente popularidad de las obras de arte generadas con IA en el panorama artístico internacional. La imagen, un retrato borroso de una figura aristocrática, ejemplifica el potencial de la IA para analizar documentos artísticos tradicionales e incorporar elementos novedosos.

Si bien el arte generado por IA plantea interesantes preguntas sobre la naturaleza de la creatividad, también invita al escrutinio. Los críticos argumentan que la "creatividad" de la IA carece de intensidad emocional y disfrute humano. Después de todo, la IA no "experimenta" el recuento de temas que genera; simplemente procesa información basándose exclusivamente en estilos. Otros, en cambio, ven la IA como una extensión de la creatividad humana, donde el artista actúa como guía o curador en lugar de como un simple escritor. Este debate plantea preguntas más amplias sobre la autoría y la originalidad en el arte, preguntas que se vuelven más complejas a medida que se expande la posición de la IA en el sistema creativo.

La música, al igual que las obras de arte visual, ha experimentado profundas transformaciones con la creación de herramientas de IA diseñadas para componer e interpretar música. Programas basados en IA como MuseNet y Jukedeck de OpenAI utilizan el aprendizaje automático para componer piezas musicales únicas en una amplia variedad de géneros. Estos algoritmos se especializan en grandes conjuntos de datos musicales y estudian las estructuras, armonías y ritmos subyacentes que definen distintos estilos musicales.

La música generada por IA ya se ha abierto camino en sectores comerciales como la publicidad, el cine y los videojuegos, donde puede ofrecer partituras históricas o generar bandas sonoras bajo demanda. En contextos más creativos, músicos y compositores utilizan la IA para explorar nuevos tipos de composición. Por ejemplo, los equipos de IA pueden proponer progresiones de acordes, crear melodías o incluso remezclar pistas existentes, ofreciendo a los músicos nuevas oportunidades creativas y provocando nuevas combinaciones de sonidos y géneros.

Algunos músicos y compositores ven la IA como un aliado colaborativo, permitiéndoles ampliar los límites de sus creaciones y experimentar con sonidos que de otro modo no habrían considerado. Por ejemplo, la música Taryn Southern colaboró con una IA para crear un álbum titulado I AM AI, en el que el dispositivo generó la canción mientras Southern ponía la letra y la voz. Esta colaboración es un ejemplo de cómo la IA puede potenciar la creatividad humana y generar efectos creativos innovadores.

Sin embargo, el auge de la IA en la música también plantea interrogantes sobre el papel del artista humano en el sistema creativo. Si un dispositivo puede componer una canción con un sonido idéntico al de los compositores humanos, ¿disminuye el valor de la música creada por el hombre? ¿O es la colaboración entre el ser humano y el dispositivo una nueva forma de expresión creativa? Estas preguntas apuntan a una indagación filosófica más amplia sobre la naturaleza misma de la creatividad y el valor que otorgamos a la autoría humana.

La influencia de la IA en el ámbito de la escritura y la literatura es igualmente notable. Algoritmos de procesamiento del lenguaje natural (PLN), como GPT-3 (desarrollado mediante OpenAI), han validado la capacidad de generar prosa, poesía o incluso guiones coherentes y contextualmente relevantes. Estas estructuras de IA pueden examinar grandes cantidades de datos textuales y aprender a producir textos que imitan numerosos patrones, tonos y géneros.

En literatura, la IA se utiliza para ayudar a los escritores a generar ideas, generar argumentos e incluso a componer novelas completas. Por ejemplo, la IA puede ayudar a los autores sugiriendo estructuras oracionales, proporcionando comentarios sobre gramática y estilo, o incluso ofreciendo actividades para la escritura creativa. En algunos casos, la IA se utiliza para generar texto de forma autónoma. Se han realizado experimentos con novelas, poemas y ensayos generados por IA, sin que algunos lectores se dieran cuenta de que no habían sido escritos por un autor humano.

La participación de la IA en la escritura ha suscitado debates sobre la autenticidad de la literatura. Los críticos argumentan que la intensidad emocional y la perspicacia de las obras escritas por humanos no pueden replicarse mediante máquinas, mientras que otros ven la IA como un dispositivo para la exploración creativa. La IA probablemente sea capaz de generar textos gramaticalmente precisos y estilísticamente consistentes, pero ¿posee la resonancia emocional y la percepción que definen la literatura excepcional? ¿O el acto de escribir, como el arte y la música, se trata fundamentalmente de la interacción entre la creatividad humana y la producción generada por dispositivos?

Además, la escritura generada por IA aumenta las preocupaciones sobre la autoría y los derechos intelectuales. Si una máquina produce una obra literaria, ¿quién posee los derechos? ¿El creador que proporcionó las indicaciones y la guía, los desarrolladores que crearon la IA o la propia IA? Estas preguntas seguirán configurando el panorama ético y criminal de la IA en las artes.

Además de las obras de arte tradicionales, la IA también desempeña un papel fundamental en el arte digital e interactivo. El arte digital, que a menudo incluye elementos interactivos como la realidad virtual (RV) y la realidad aumentada (RA), se está transformando gracias a herramientas impulsadas por IA. Estas herramientas permiten a los artistas crear obras dinámicas y en constante evolución que responden a los movimientos, sentimientos e incluso decisiones del espectador.

Un ejemplo de ello son las pinturas del artista e investigador Mario Klingemann, cuyo arte generado por IA a menudo implica algoritmos que interactúan con los espectadores en tiempo real. En su proyecto Neural Glitch, Klingemann utiliza IA para crear representaciones de la figura humana en constante cambio y con fallos, invitando a los espectadores a interactuar con la obra mediante el movimiento y el contacto. Esta forma de arte desafía el consumo pasivo de la vida visual, invitando a los espectadores a convertirse en individuos activos de forma innovadora.

La capacidad de la IA para la interactividad y la personalización también tiene implicaciones para el futuro de los videojuegos, los mundos digitales y el entretenimiento en línea. Los personajes y entornos controlados por IA son cada vez más realistas y responsivos, ofreciendo a los usuarios informes personalizados que se adaptan a sus opciones y movimientos. De esta manera, la IA está expandiendo el concepto mismo de lo que puede ser una obra de arte, ampliando los límites de la visualización pasiva hacia la participación activa.

A medida que la IA adquiere mayor relevancia en las industrias innovadoras, se plantean enormes interrogantes morales. Una de las preocupaciones más acuciantes es el problema de la autoría. Cuando la IA genera una obra de arte, una canción o una obra literaria, ¿quién posee los derechos de autor? ¿Es la propia IA, el programador que la creó o el artista que guió su creación? Estas preguntas se vuelven cada vez más complejas a medida que las estructuras de IA se vuelven más autosuficientes en sus estrategias creativas.

Otra dificultad moral se refiere al potencial de la IA para reemplazar a artistas y trabajadores humanos en las industrias innovadoras. Si bien la IA tiene la capacidad de potenciar la creatividad humana, también ofrece la oportunidad de proteger las tareas en campos como el diseño gráfico, la composición musical y la escritura. Si las máquinas pueden producir arte al mismo nivel que los artistas humanos, ¿se verán marginados o desplazados estos últimos? Por el contrario, algunos argumentan que la IA liberará a los artistas de tareas repetitivas, permitiéndoles centrarse en un mayor nivel de creatividad e innovación.

Además, las obras de arte generadas por IA desafían las nociones tradicionales de la creatividad misma. Si un dispositivo puede generar obras de arte indistinguibles de las creadas por el hombre, ¿qué revela esto sobre el valor de la creatividad humana? ¿Se trata básicamente de talento técnico o está intrínsecamente ligada al disfrute, la emoción y la conciencia humanos?

La función de la IA en el arte y la creatividad está transformando nuestra comprensión de qué es una obra de arte, quién puede crearla y cómo se valora. Desde las artes visuales hasta la música, la literatura y los medios interactivos, la IA está abriendo nuevas fronteras para la expresión artística, a la vez que plantea cuestiones complejas sobre la autoría, la originalidad y la posición del artista. A medida que la IA continúa adaptándose e integrándose en las industrias creativas, sin duda ampliará los límites del arte, obligando a la sociedad a reconsiderar los estándares tradicionales de creatividad y la posición del artista en la configuración de las narrativas culturales.

El efecto de la IA en el arte y la creatividad refleja un cambio cultural más amplio hacia una relación más colaborativa y dinámica entre seres humanos y máquinas. Al adoptar esta nueva realidad, podemos abrir nuevas vías para la expresión creativa, ampliar nuestra experiencia creativa y explorar el potencial de la colaboración entre humanos y sistemas en enfoques que antes eran inconcebibles.

6.3. IA y nuevas narrativas humanas

A medida que la inteligencia artificial (IA) se adapta y se integra en numerosos aspectos de nuestra vida cotidiana, está transformando no solo la forma en que interactuamos con la tecnología, sino también la forma en que narramos historias. En el ámbito de la literatura, el cine y los medios digitales, la IA está empezando a desempeñar un papel fundamental en la creación de nuevas narrativas: narrativas que exploran la intersección entre la humanidad y la tecnología, y que, al hacerlo, cuestionan nuestras nociones tradicionales de identidad, moralidad y estilo de vida.

La capacidad de la IA para sistematizar grandes cantidades de estadísticas, reconocer estilos y predecir consecuencias la ha convertido en una herramienta útil para escritores, cineastas y diseñadores de juegos. Los sistemas de IA pueden examinar narrativas existentes, investigar las complejidades del desarrollo humano, la estructura de la trama y los arcos emocionales, y generar historias únicas basadas en ese conocimiento. Herramientas como GPT-3 de OpenAI, por ejemplo, se han utilizado para facilitar la escritura de cuentos, guiones e incluso novelas completas, con máquinas que producen textos que imitan la creatividad humana.

Si bien las narrativas generadas por IA aún no poseen la intensidad emocional total de los testimonios humanos, podrían estar abriendo nuevas puertas para la narración. La IA permite la generación de tramas alternativas, personajes complejos y perspectivas diversas que de otro modo no se habrían explorado. En esencia, la IA está ayudando a democratizar la narración, haciéndola más accesible para que las personas de todo el mundo experimenten y creen sus propias narrativas. A medida que la IA mejora su comprensión de los sentimientos y el contexto humanos, las posibilidades de los testimonios generados por IA se profundizan aún más.

Una de las características más interesantes de la narrativa con IA es el surgimiento de la colaboración entre humanos y máquinas. En lugar de reemplazar a los escritores o creadores humanos, la IA actúa como coautora, ayudándoles a generar ideas, construir tramas o incluso a comentar en tiempo real sobre las tareas de escritura. En estas colaboraciones, la máquina actúa como un aliado que potencia la creatividad del artista, ampliando los límites de la narrativa tradicional.

En el mundo literario, los autores están experimentando con herramientas de IA para crear narrativas más complejas. La IA puede proponer giros argumentales, ampliar personajes según ciertas tendencias o incluso ofrecer finales inesperados a las historias. Estas colaboraciones permiten a los escritores explorar nuevos temas y crear obras de ficción complejas y complejas. Por ejemplo, los autores de ficción tecnológica han adoptado la IA para explorar mundos y tecnologías futuristas, que luego pueden integrarse en narrativas que exploran las implicaciones morales, emocionales y filosóficas de estas innovaciones.

El proceso no se limita a los estilos narrativos basados en texto; la IA también está causando sensación en las industrias del cine y los videojuegos. Los cineastas utilizan la IA para generar guiones, sugerir diálogos o incluso colaborar con gráficos y animación por computadora. En los videojuegos, la IA se utiliza para crear narrativas dinámicas que responden a las decisiones de los jugadores, considerando tramas personalizadas y en constante evolución. El creciente papel de la IA en estos medios contribuye a crear historias más interactivas y atractivas para el público, donde la línea entre autor y comprador se difumina cada vez más.

Las narrativas generadas por IA ofrecen una oportunidad fascinante para reimaginar el concepto mismo del disfrute humano. A medida que la IA se vuelve más competente para comprender las emociones y los comportamientos humanos, tiene el potencial de crear recuerdos que reflejen las complejidades de la condición humana desde nuevos enfoques. Estas narrativas podrían explorar cuestiones existenciales sobre la identidad, la libertad de voluntad y el significado de la vida, pero desde perspectivas que proyectan perspectivas convencionales.

Por ejemplo, la IA ya se está utilizando para crear entornos digitales donde los usuarios pueden interactuar con personajes e influir en el desarrollo de la historia. En estos escenarios, las narrativas no están predeterminadas; se desarrollan dinámicamente, basándose principalmente en las decisiones de los participantes. Este modelo tiene la capacidad de revolucionar la narrativa, ofreciendo experiencias profundamente personalizadas e inmersivas que replican las diversas maneras en que las personas navegan por el mundo. La IA podría permitirnos experimentar recuerdos no como observadores pasivos, sino como participantes activos, explorando un mundo donde nuestras decisiones configuran la narrativa.

Además, la IA se está utilizando para crear historias que abordan nuevos temas y desafíos derivados de nuestra relación con la tecnología. Uno de los ejemplos más destacados es el estilo de "ficción de IA", que explora las implicaciones sociales, filosóficas y morales de la inteligencia artificial avanzada. Estas historias plantean preguntas vitales sobre el papel de la IA en nuestro destino, como si las máquinas llegarán a tener cognición, si se puede confiar en ellas y qué significaría para la humanidad crear seres que nos superen en inteligencia y capacidad.

En estas narrativas, la IA no siempre es el villano ni el salvador; con frecuencia es una fuerza ambigua, un espejo que refleja las esperanzas, los miedos y los objetivos de la humanidad. La evolución del cortejo entre humanos y máquinas se explora en obras de ficción que abordan cuestiones como la autonomía, la manipulación y la difuminación de las fronteras entre humanos y máquinas. Estos testimonios reflejan un enfoque creciente en las complejidades e incertidumbres que rodean a la IA, ofreciendo un espacio para una reflexión crucial sobre la trayectoria futura de la existencia humana.

El impacto de la IA en las narrativas humanas es quizás más evidente en el género de la ficción tecnológica, donde la IA ha sido un tema relevante desde hace tiempo. Anteriormente, escritores de ficción tecnológica como Isaac Asimov, Philip K. Dick y Arthur C. Clarke utilizaron la IA como vehículo para explorar tecnologías futuristas y sus efectos en la sociedad. Sus obras se centraron frecuentemente en la relación entre personas y máquinas, planteando cuestiones de control, autonomía y ética.

Hoy en día, la IA sigue siendo un tema clave en la ficción tecnológica actual. Sin embargo, su papel en estas narrativas está evolucionando, lo que refleja el creciente impacto de los avances globales en el aprendizaje automático, la robótica y las redes neuronales. A medida que la IA se integra más en la vida cotidiana, los autores de ficción tecnológica utilizan esta tecnología para explorar preguntas nuevas y más complejas sobre lo que significa ser humano.

Por ejemplo, las últimas obras de ficción tecnológica exploran la posibilidad de que la IA alcance la atención o el autorreconocimiento. Estas historias a menudo abordan las implicaciones morales de crear máquinas capaces de asumir, experimentar y tomar decisiones por sí mismas. ¿Qué derechos podrían tener estas máquinas? ¿Podrían coexistir con los humanos o podrían representar una amenaza para nuestra vida? Estas preguntas reflejan una profunda preocupación por los posibles peligros del desarrollo descontrolado de la IA.

Otros relatos exploran el concepto de la IA como herramienta para potenciar el talento humano. En estas narrativas, seres humanos y máquinas colaboran para crear una nueva forma de vida híbrida, donde la línea entre la inteligencia orgánica y la sintética se difumina cada vez más. Estos testimonios plantean un futuro donde la IA no solo sea una herramienta para la automatización, sino un aliado para aumentar la capacidad, la creatividad y la información humanas.

A medida que la IA moldea las historias que contamos, también plantea cuestiones éticas cruciales sobre la función de las máquinas en el proceso creativo. Uno de los problemas más importantes es la autoría. Cuando una IA genera una historia, ¿quién la posee? ¿Es el desarrollador de la IA, la persona que introduce los parámetros o el propio sistema? A medida que la

IA se vuelve más independiente en sus esfuerzos creativos, estas cuestiones de posesión y control se vuelven más complejas.

También existe preocupación sobre la capacidad de la IA para perpetuar el sesgo y la desigualdad en la narrativa. Si la IA se capacita en narrativas actuales que reflejan prejuicios y estereotipos antiguos, existe el riesgo de que estos sesgos se perpetúen en las memorias generadas por ella. A medida que la IA se adapta, será vital que los creadores se aseguren de que los testimonios que produce sean diversos, inclusivos y representativos de todas las voces.

Además, está la cuestión de la autenticidad. Si las máquinas son capaces de producir testimonios indistinguibles de los escritos por humanos, ¿qué nos dice esto sobre el coste de la creatividad humana? ¿La participación de un sistema en el proceso innovador disminuye la importancia de la obra? ¿O abre nuevas oportunidades para la narración, enriqueciendo el panorama creativo con nuevas ideas y perspectivas?

La IA está transformando profundamente la forma en que narramos historias, desde su papel como coguionista en la escritura y el cine hasta su capacidad para generar narrativas humanas completamente nuevas. Gracias a su capacidad para procesar y analizar registros, la IA está transformando el panorama creativo, ofreciendo nuevas oportunidades de exploración y expresión. A medida que la IA se adapte, desempeñará un papel cada vez más importante en el surgimiento de las narrativas humanas: narrativas que revelen nuestra comprensión de lo que significa ser humano, ser creativo y vivir en un mundo donde las máquinas son una parte esencial de nuestras vidas.

La intersección de la IA y la narrativa abre nuevas oportunidades para el destino de la tradición humana. La IA tiene la capacidad de enriquecer el conocimiento que tenemos de nosotros mismos y de nuestra región en el mundo, ofreciendo nuevas historias que reflejan nuestras esperanzas, miedos y deseos. Mientras navegamos por las complejidades de este proceso, será importante explorar las implicaciones éticas, filosóficas y culturales de la IA en la configuración de las historias que definen nuestra experiencia colectiva.

CAPÍTULO 7

La inteligencia artificial y el futuro de la humanidad

7.1. El mundo cambiante con el impacto de la IA

El impacto de la inteligencia artificial (IA) en el sector es uno de los rasgos más profundos y transformadores de la historia de la tecnología. Desde la automatización industrial hasta los avances en la atención médica, la IA está transformando prácticamente todos los aspectos de la vida humana. A medida que la IA continúa adaptándose, promete regular fundamentalmente el funcionamiento de las sociedades, las economías y la vida cotidiana de las personas.

La IA ya ha comenzado a revolucionar el panorama mundial a gran escala. El auge de la tecnología inteligente, el aprendizaje automático y los sistemas autónomos ha permitido a grupos y gobiernos tomar decisiones más informadas, aumentar la eficiencia operativa y crear nuevas oportunidades de innovación. Por ejemplo, industrias como la manufactura, la logística y la agricultura se han beneficiado de la automatización impulsada por la IA, lo que ha generado una mayor productividad y ha reducido los costes. El impacto de la IA en la atención médica ha sido igualmente profundo, con especialistas científicos que utilizan algoritmos avanzados para diagnosticar enfermedades, proponer tratamientos y predecir los resultados de los pacientes con mayor precisión.

Sin embargo, el impacto de la IA no se limita a la investigación global o clínica de las empresas. Además, desempeña un papel crucial en nuestra vida cotidiana, desde asistentes digitales que nos ayudan a gestionar nuestros horarios hasta sistemas de recomendación basados en IA que influyen en lo que vemos, nos concentramos y compramos. Estas tecnologías se integran cada vez más en la sociedad, por lo que es crucial reconocer los cambios sociales más amplios que se están produciendo.

Una de las maneras más importantes en que la IA está transformando el panorama laboral es a través de sus consecuencias en el mercado laboral. Se prevé que la automatización y la IA transformen muchos empleos tradicionales, especialmente en sectores como la producción, el transporte y el comercio minorista. Si bien esto presenta desafíos para los trabajadores cuyos empleos están en riesgo, también crea nuevas oportunidades para quienes pueden adaptarse al panorama cambiante.

Por ejemplo, la IA es fundamental para la mejora de roles y campos recientes que antes eran imposibles. Científicos de datos, especialistas en ética de la IA e ingenieros de aprendizaje automático son algunas de las numerosas profesiones nuevas que han surgido en respuesta a la revolución de la IA. Además, la IA permite a las personas trabajar de forma más flexible y productiva mediante la mejora de los equipos de colaboración, el aumento de las capacidades de teletrabajo y la simplificación de las obligaciones administrativas.

La transición hacia un sistema financiero impulsado por la IA también plantea interrogantes sobre el futuro del trabajo. ¿Cómo garantizarán las sociedades que los beneficios de la IA se compartan equitativamente? ¿El auge de la IA exacerbará las desigualdades actuales o conducirá a un mundo más inclusivo y próspero ? Estas son preguntas cruciales que los responsables políticos, los líderes empresariales y la ciudadanía deben abordar mientras navegan por el futuro del trabajo en un mundo impulsado por la IA.

La IA también está teniendo un gran impacto en los sistemas y las relaciones sociales. A medida que la tecnología de IA se integra cada vez más en la vida cotidiana, está transformando la forma en que las personas interactúan entre sí y con el mundo que las rodea. Por ejemplo, los sistemas impulsados por IA, como las redes sociales, han revolucionado el intercambio verbal, creando nuevos espacios para la autoexpresión, la conexión y la colaboración. Al mismo tiempo, estas tecnologías han suscitado inquietudes sobre la privacidad, la seguridad de los datos y la posibilidad de manipulación.

La IA también está transformando el panorama político, influyendo en las elecciones, la opinión pública y la gobernanza. Los gobiernos utilizan cada vez más estructuras de vigilancia basadas en IA, análisis predictivos y procedimientos automáticos de selección para evaluar a los ciudadanos y generar cobertura pública. Si bien estas tecnologías ofrecen el potencial de mayor eficiencia y transparencia, también plantean importantes interrogantes éticos sobre la privacidad, las libertades civiles y el conocimiento de la electricidad.

En el mundo de la educación, la IA está transformando la forma en que se imparte y se fomenta la experiencia. Desde algoritmos de aprendizaje personalizados hasta herramientas de enseñanza asistidas por IA, los sistemas educativos de todo el mundo están adoptando tecnologías de IA para optimizar la adquisición de conocimientos y mejorar el acceso a la educación. Sin embargo, el uso generalizado de la IA en la educación también plantea interrogantes sobre el futuro papel de los docentes humanos y su capacidad para perpetuar las desigualdades existentes en el acceso a una educación de calidad.

Además de su impacto en la sociedad y el sistema financiero, la IA también tiene la capacidad de abordar algunos de los desafíos ambientales más urgentes del mundo. La IA puede utilizarse para optimizar el uso de la energía, reducir el desperdicio y mejorar la gestión de los recursos. Por ejemplo, los algoritmos de IA pueden utilizarse para predecir los patrones de consumo de electricidad, lo que permite redes eléctricas más inteligentes que responden a los cambios en la demanda en tiempo real. La IA también se utiliza en iniciativas de conservación, ayudando a los investigadores a monitorizar la biodiversidad, rastrear las poblaciones de flora y fauna y predecir los efectos del cambio climático en los ecosistemas.

Además, la IA contribuye a la mejora de las tecnologías sostenibles, como los vehículos eléctricos y los sistemas de energía renovable. Al optimizar los procesos de fabricación e identificar soluciones innovadoras, la IA contribuye a impulsar la transición hacia una economía global más sostenible y respetuosa con el medio ambiente.

A medida que la IA continúa fortaleciéndose, su capacidad para transformar el sector es enorme. Sin embargo, el alcance total de su efecto sigue siendo incierto, y el camino a seguir no está exento de desafíos. Es necesario abordar las preocupaciones éticas sobre la función de la IA en la sociedad, sus efectos en la privacidad y la autonomía humana, y su potencial para alterar los sistemas sociales actuales, a fin de garantizar que se maximicen sus beneficios y se mitiguen sus riesgos.

El destino de la IA y su impacto en el ámbito dependerá de las decisiones que tomemos las personas. A medida que la tecnología de IA se vuelva más poderosa, corresponderá a los responsables políticos, los tecnólogos y la sociedad en general determinar cómo se utilizan estas tecnologías. Al fomentar la colaboración, promover el desarrollo responsable y garantizar que la IA esté alineada con los valores humanos, podemos crear un futuro en el que la IA mejore el bienestar de cada persona y facilite la construcción de un mundo más justo, equitativo y sostenible.

El mundo ya está siendo profundamente transformado por la IA, y su impacto está a punto de crecer. A medida que la IA se adapte, traerá consigo oportunidades y desafíos, transformando la sociedad, la economía y el medio ambiente de maneras que apenas podemos empezar a comprender. Al considerar cuidadosamente las consecuencias potenciales de la IA y tomar medidas proactivas para guiar su desarrollo, podemos garantizar que el futuro de la IA beneficie a toda la humanidad.

7.2. Inteligencia artificial y desigualdades sociales

El auge de la inteligencia artificial (IA) abre numerosas posibilidades para el crecimiento económico y el desarrollo social, pero también plantea enormes desafíos, especialmente en el ámbito de las desigualdades sociales. La IA, por su propia naturaleza, tiene la capacidad tanto de exacerbar como de mitigar las desigualdades dentro de la sociedad. Comprender cómo la IA puede influir en estas desigualdades es fundamental para asegurar un futuro donde las innovaciones tecnológicas beneficien a todos los segmentos de la sociedad, en lugar de favorecer desproporcionadamente a empresas específicas.

Una de las áreas clave donde la IA podría incidir en las desigualdades sociales es el mercado laboral. La automatización impulsada por la IA ya ha comenzado a transformar ciertos tipos de empleos, principalmente aquellos que implican tareas repetitivas, como las de producción o administrativas. Este desplazamiento podría crear una gran brecha entre quienes tienen la capacidad de adaptarse al nuevo mercado laboral —incluyendo puestos en programación de IA, análisis de datos o aprendizaje automático— y quienes no. Las personas con bajos ingresos, especialmente en regiones con menos conocimientos tecnológicos, también podrían tener dificultades para adquirir las habilidades necesarias para adaptarse a estos nuevos roles, lo que profundiza la brecha entre los ricos y los trabajadores.

La brecha digital también desempeña un papel vital en la capacidad de la IA para mitigar o exacerbar la desigualdad. El acceso a la tecnología —ya sea internet, ordenadores de alto rendimiento o equipos impulsados por IA— sigue siendo irregular. En muchos sectores, especialmente en países en desarrollo, la falta de acceso a dichos recursos puede obstaculizar la movilidad económica y la educación, dejando a las personas y comunidades en una situación de desventaja generalizada en un mundo cada vez más impulsado por la IA. Quienes carecen de la infraestructura necesaria para impulsar las innovaciones en IA corren el riesgo de quedar rezagados en un futuro donde la tecnología evoluciona rápidamente.

Además, la IA en sí misma no está exenta de sesgos. Los algoritmos que impulsan las estructuras de IA suelen basarse en registros que reflejan prejuicios y desigualdades históricas, como sesgos de género, raciales y económicos. Si los sistemas de IA se entrenan con información sesgada, perpetuarán o incluso amplificarán estas desigualdades, afectando a todo, desde las prácticas de contratación hasta el acceso a servicios de salud o financieros. Por ejemplo, los algoritmos de IA utilizados en el reclutamiento pueden, accidentalmente, seleccionar candidatos que se ajusten al perfil de quienes históricamente han ocupado puestos específicos, reforzando así las jerarquías sociales y económicas existentes.

Abordar estos problemas requiere una estrategia multifacética. En primer lugar, es necesario un esfuerzo concertado para garantizar que la tecnología de IA sea inclusiva. Esto implica ampliar la diversidad de conjuntos de datos y garantizar que las estructuras de IA sean transparentes y responsables. Además, los gobiernos y las empresas deben trabajar para reducir la brecha digital garantizando un acceso equitativo a la tecnología y la educación. Esto también puede implicar invertir en infraestructura, especialmente en regiones desatendidas, y ofrecer programas educativos para ayudar a las personas a adquirir las habilidades necesarias para el cambiante mercado laboral.

Además, se necesitan intervenciones de cobertura para ajustar el uso ético de la IA. Los gobiernos deben crear e implementar directrices que impidan que la IA agrave las desigualdades sociales. Esto también puede abarcar el establecimiento de directrices para el uso responsable de la IA en sectores como la salud, la justicia penal y la contratación, donde los algoritmos sesgados podrían tener un profundo impacto en la vida de las personas. La IA debe aprovecharse de forma que promueva la equidad, la diversidad y la igualdad de oportunidades, no solo para unos pocos, sino para todos los miembros de la sociedad.

El efecto de la IA en las desigualdades sociales dependerá de cómo se implemente y regule. Es imperativo que la IA se desarrolle priorizando la equidad, la inclusión y la equidad, garantizando que sus beneficios se distribuyan ampliamente. Al abordar estas situaciones complejas de frente, avanzaremos hacia un futuro en el que la IA contribuya a una sociedad más justa y equitativa, en lugar de profundizar las divisiones ya existentes.

7.3. Amenazas y oportunidades para la humanidad

A medida que la inteligencia artificial (IA) se adapta a un ritmo notable, su influencia en el destino de la humanidad se convertirá tanto en una oportunidad interesante como en un desafío importante. La IA tiene la capacidad de transformar cada aspecto de la vida, desde la atención médica hasta la educación, la economía o incluso la naturaleza de la interacción humana. Sin embargo, como toda tecnología poderosa, la IA presenta grandes amenazas si se utiliza incorrectamente o se regula de forma inadecuada. Comprender esta doble dimensión —las posibilidades que ofrece la IA y las amenazas que podría plantear— es fundamental para facilitar su integración en la sociedad y garantizar que se descubran sus beneficios, minimizando al mismo tiempo sus riesgos.

La IA ofrece oportunidades transformadoras que mejorarían sustancialmente la calidad de vida de las personas en todo el mundo. En el ámbito sanitario, la IA tiene la capacidad de revolucionar la prevención, el diagnóstico y el tratamiento de enfermedades. Los algoritmos de aprendizaje automático ya se utilizan para analizar datos médicos, lo que permite la detección temprana de enfermedades como el cáncer, las cardiopatías y los problemas neurológicos. Al procesar grandes cantidades de datos con mucha mayor eficacia que los humanos, las estructuras de IA pueden ayudar a los profesionales médicos a comprender patrones y perspectivas que, de otro modo, podrían pasar desapercibidas. Esto debería traducirse en mejores resultados de salud, planes de tratamiento personalizados y, en última instancia, una mayor esperanza de vida.

En la formación, la IA podría personalizar el aprendizaje mediante métodos que antes eran inalcanzables. Los sistemas de tutoría basados en IA podrían adaptarse a las necesidades individuales de los estudiantes, ofreciendo retroalimentación en tiempo real e instrucciones personalizadas. Este enfoque personalizado de la educación podría ayudar a superar las brechas de aprendizaje, permitiendo que estudiantes de todos los orígenes alcancen su máximo potencial. Además, la IA puede utilizarse para optimizar las responsabilidades administrativas, liberando a los educadores para que se concentren en la enseñanza y mejorando la experiencia general de aprendizaje.

Las oportunidades económicas que ofrece la IA también son extensas. La automatización de obligaciones y métodos puede generar aumentos generalizados en la productividad, lo que puede impulsar el crecimiento económico. Industrias como la manufactura, la logística y la agricultura ya están experimentando los beneficios de la automatización impulsada por la IA, que puede optimizar las operaciones y reducir los gastos. Además, la IA podría crear industrias y oportunidades laborales completamente nuevas, en particular en campos como el desarrollo de IA, la ciencia de la información y la robótica.

La IA también tiene el potencial de abordar varios de los desafíos internacionales más urgentes de la humanidad, como el cambio climático. Los modelos impulsados por IA pueden utilizarse para predecir patrones climáticos, optimizar el consumo de energía y crear prácticas más sostenibles en la agricultura y la industria. El aprendizaje automático puede ayudar a monitorizar y reducir las emisiones de carbono, al tiempo que los sistemas basados en IA pueden emplearse para gestionar las energías renovables de forma más eficiente. Por lo tanto, la IA debería desempeñar un papel clave en la reducción del impacto ambiental de la actividad humana y la mitigación del cambio climático.

Si bien las posibilidades que ofrece la IA son enormes, los peligros y las amenazas a la capacidad que representa para la humanidad son igualmente amplios. Una de las principales preocupaciones es la pérdida de empleos. A medida que la IA continúa fortaleciéndose, la automatización amenaza con reemplazar muchos empleos tradicionalmente desempeñados por humanos, principalmente en sectores como la producción, la atención al cliente y el transporte. Las consecuencias económicas de esta pérdida serán profundas, especialmente si los trabajadores desplazados no reciben capacitación ni se recapacitan para desempeñar nuevos roles. Esto podría causar un alto nivel de desempleo, desigualdad económica y malestar social si los beneficios de la IA no se distribuyen equitativamente.

Otro peligro de la IA reside en su capacidad para concentrar el poder en manos de algunas empresas y gobiernos. A medida que los sistemas de IA se vuelven más sofisticados, el control de esta era podría quedar monopolizado por un pequeño grupo de entidades. Esta concentración de poder podría provocar abusos de la IA, como la vigilancia, la manipulación social o incluso la introducción de armas autosuficientes. Las implicaciones éticas de la vigilancia y el control impulsados por la IA son considerables, especialmente en una era en la que la privacidad ya está amenazada.

También existe el problema del sesgo y la discriminación de la IA. Los sistemas de IA solo son tan avanzados como la información con la que se entrenan, y si estos datos reflejan sesgos sociales existentes, la IA puede perpetuarlos y amplificarlos. La discriminación en áreas como la contratación, la aplicación de la ley y la calificación crediticia es una preocupación real, ya que la IA probablemente refuerce las desigualdades raciales, de género y socioeconómicas. Esto podría exacerbar las disparidades existentes y provocar la marginación de grupos vulnerables.

Además, el desarrollo de armas autónomas impulsadas por IA ofrece una perspectiva desalentadora. Si bien la IA puede utilizarse para mejorar la protección y la seguridad, la introducción de drones, robots y otras tecnologías navales autónomas plantea interrogantes cruciales sobre la responsabilidad, el control y la capacidad de generar efectos no deseados. Las armas autónomas podrían utilizarse en conflictos sin intervención humana, dando lugar a una nueva generación de guerra que podría ser difícil de ajustar o comprender.

Finalmente, existe el riesgo existencial que la IA representa para la humanidad en su conjunto. Si bien esta situación es especulativa, muchos profesionales han expresado su preocupación por el desarrollo de la IA superinteligente: máquinas que superan la inteligencia humana y probablemente se vuelvan incontrolables. La preocupación radica en que dicha IA priorice sus deseos personales sobre el bienestar humano, lo que conllevaría resultados catastróficos. Si bien la tecnología aún está lejos de alcanzar este nivel de inteligencia, esta posibilidad sigue siendo un tema de debate y controversia importante dentro de la red de IA.

Para garantizar que la IA avance y se implemente de forma que maximice sus beneficios y minimice sus riesgos, es crucial implementar leyes rigurosas, directrices éticas y cooperación internacional. Los responsables políticos, los tecnólogos y los especialistas en ética deben colaborar para crear marcos que promuevan la transparencia, la responsabilidad y la equidad en el desarrollo de la IA. Esto incluye abordar problemas como el sesgo en la IA, las cuestiones de privacidad y la posibilidad de desplazamiento de tareas mediante programas de reciclaje y redes de protección social.

Además, los riesgos de capacidad de la IA, que incluyen la militarización de estructuras autónomas o la concentración de poder en unas pocas empresas, requieren acuerdos y regulación a nivel mundial. Al igual que las armas nucleares estaban sujetas a tratados internacionales, las tecnologías de IA, especialmente aquellas con programas militares, deben ser monitoreadas y gestionadas rigurosamente para evitar su uso indebido.

El futuro de la IA y la humanidad dependerá de cómo se gestionen estos desafíos. Las oportunidades para el desarrollo humano son considerables; sin embargo, sin una atención cuidadosa a los peligros asociados, la IA podría exacerbar los problemas existentes o crear otros nuevos. Al abordar estas amenazas de frente, la sociedad puede aprovechar al máximo el potencial de la IA y, al mismo tiempo, protegerse contra sus riesgos, garantizando así que contribuya a las buenas actividades de la humanidad para las generaciones futuras.

7.4. Gobernanza global e IA

A medida que la tecnología de inteligencia artificial evoluciona a un ritmo sin precedentes, su efecto transformador trasciende fronteras, economías y culturas, exigiendo un mecanismo coordinado e integral de gobernanza global. La necesidad de una gobernanza global en IA surge de su naturaleza inherentemente transnacional: los algoritmos, los flujos de datos y los sistemas de toma de decisiones ya no se limitan a la jurisdicción de un solo estado. Esto plantea nuevas situaciones exigentes en materia de regulación, ética, rendición de cuentas y cumplimiento. En consecuencia, la gobernanza internacional debe abordar el equilibrio entre la innovación y la supervisión, promover un acceso equitativo y evitar la oposición geopolítica y el uso indebido.

Uno de los principales impulsores de la gobernanza mundial de la IA es la falta de normas y marcos regulatorios comunes que rijan su desarrollo e implementación. Actualmente, los países y las agencias siguen caminos regulatorios dispares, frecuentemente conformados por intereses locales, prioridades financieras o ideologías políticas. Por ejemplo, el Reglamento General de Protección de Datos (RGPD) de la Unión Europea enfatiza los derechos de las estadísticas de carácter y la privacidad, mientras que el modelo regulatorio de China se centra en la soberanía de los registros y la supervisión estatal. Estados Unidos, en cambio, ha favorecido tradicionalmente la innovación con una regulación bastante laxa. Estos modelos contrastantes generan fricción, arbitraje regulatorio y la falta de estándares éticos armonizados en el despliegue global de la IA. La ausencia de directrices cohesivas también aumenta el riesgo de que la IA se utilice en vigilancia, campañas de desinformación, armas autosuficientes y represión virtual.

Por lo tanto, la gobernanza global debe aspirar a establecer estándares universales y mecanismos de supervisión que trasciendan los obstáculos nacionales. Iniciativas como los Principios de IA de la OCDE y la Recomendación de la UNESCO sobre la Ética de la Inteligencia Artificial constituyen esfuerzos iniciales para articular un conjunto de valores compartidos, que incluyen la transparencia, la rendición de cuentas, la equidad y un diseño centrado en el ser humano. Sin embargo, estos marcos no son vinculantes y a menudo carecen de mecanismos de cumplimiento. Una misión clave reside en transformar estos estándares voluntarios en normas internacionales de cumplimiento obligatorio sin obstaculizar la innovación ni profundizar la brecha digital entre los países tecnológicamente avanzados y las economías en desarrollo.

Institucionalmente, la gobernanza mundial de la IA podría requerir la introducción o ampliación de organismos multilaterales capaces de establecer requisitos, facilitar la cooperación y mediar en conflictos. Una posibilidad es un organismo especializado dependiente de las Naciones Unidas, como el Organismo Internacional de Energía Atómica (OIEA), encargado de supervisar los riesgos y el cumplimiento de la IA. Otra estrategia podría incluir observatorios o consorcios internacionales de IA que compartan datos, estudios y conocimientos, a la vez que imponen protocolos de protección y equidad. Estos organismos podrían no solo divulgar avances tecnológicos, sino también analizar sus efectos sociales, evaluar los riesgos conductuales y orientar a los países subrepresentados en el desarrollo de capacidades.

Sin embargo, las políticas de gobernanza mundial de la IA son complejas. Las naciones líderes consideran el dominio de la IA como un activo estratégico y una fuente de poder nacional, lo que dificulta la cooperación. La competencia por la superioridad en IA entre Estados Unidos y China, por ejemplo, a menudo se desarrolla en términos de seguridad nacional, impacto económico y control ideológico, lo que genera desconfianza y fragmentación. Para que la gobernanza mundial sea eficaz, debe fomentar la aceptación, la responsabilidad mutua y una comprensión compartida de los riesgos existenciales a largo plazo que plantea la IA no regulada. La transparencia en los estudios, los acuerdos de intercambio de información y los sistemas de innovación colaborativa son fundamentales para construir dicho acuerdo. Las iniciativas diplomáticas también deben abordar los derechos de propiedad intelectual, las transferencias de tecnología y el acceso equitativo a los beneficios de la IA.

Otro componente esencial de la gobernanza internacional de la IA es la inclusión. Los sistemas de gobernanza deben garantizar que las voces del Sur Global, las comunidades indígenas y las poblaciones marginadas estén representadas. Muchos países en desarrollo corren el riesgo de quedar rezagados en la revolución de la IA debido a la pérdida de infraestructura, información o inversión. Sin cooperación internacional, esta brecha tecnológica debería exacerbar aún más la desigualdad y la exclusión. Por consiguiente, los mecanismos de gobernanza deben incluir mecanismos para el intercambio de tecnología, la educación y la orientación para el desarrollo responsable de la IA local.

Además, la gobernanza global debe abordar las nuevas y exigentes situaciones, como el efecto de la IA en los mercados laborales, la desinformación y su papel en la configuración del discurso político. Por ejemplo, la moderación algorítmica de contenido y las estructuras de recomendación en las plataformas internacionales de redes sociales pueden afectar la opinión pública, las elecciones y la armonía social. De igual manera, los deepfakes generados por IA y los medios artificiales representan nuevas amenazas para la realidad y la confianza en las sociedades democráticas. Es necesario desarrollar protocolos y acuerdos internacionales para reducir el uso indebido de estas herramientas, a la vez que se protege la libertad de expresión.

La gobernanza de la IA también se relaciona con la gobernanza climática. El entrenamiento de grandes modelos de IA consume recursos computacionales y energía a gran escala. Por lo tanto, se requiere una coordinación global para garantizar la sostenibilidad ambiental de la infraestructura de IA. Esto incluye la promoción de algoritmos energéticamente eficientes, centros de datos sostenibles y prácticas de IA ecológicas que se alineen con los objetivos climáticos globales.

El futuro de la gobernanza global en IA depende de establecer un equilibrio sensible: fomentar la innovación a la vez que se salvaguardan los derechos humanos fundamentales; respetar la soberanía nacional al tiempo que se abordan los riesgos transnacionales; y promover la prosperidad compartida sin agravar las desigualdades estructurales. Esto requerirá una gestión visionaria, un compromiso diplomático sostenido y la convicción de que la IA, como fuerza transformadora, requiere un compromiso global.

Sin dicha gobernanza, el avance descontrolado de la inteligencia artificial podría dar lugar a eventualidades de inestabilidad global, monopolios tecnológicos o incluso a la falta de iniciativa humana. Pero con una cooperación global considerada, inclusiva y proactiva, la IA puede convertirse en un instrumento para resolver los mayores desafíos de la humanidad, marcando el comienzo de una era de progreso compartido basado en la ética, la equidad y la paz.

CAPÍTULO 8

Inteligencia artificial y humanidad: perspectivas futuras

8.1 Nuevas oportunidades y riesgos

Los rápidos avances en inteligencia artificial (IA) están configurando un futuro lleno de oportunidades. Desde avances clínicos hasta nuevos modelos financieros, la IA tiene el poder de transformar todos los aspectos de la sociedad. Sin embargo, estas posibilidades conllevan riesgos considerables que deben gestionarse con cautela para garantizar que la IA beneficie a la humanidad sin causar daños accidentales. Comprender tanto las nuevas posibilidades que ofrece la IA como los riesgos que plantea es fundamental para comprender su impacto en el futuro del mundo.

La capacidad de la IA para revolucionar las industrias es quizás uno de sus aspectos más interesantes. En el sector sanitario, las tecnologías impulsadas por IA ya se utilizan para mejorar los diagnósticos, ampliar los tratamientos personalizados e incluso predecir enfermedades antes de que aparezcan los síntomas. Al analizar grandes conjuntos de datos, los algoritmos de IA pueden descubrir patrones que podrían ser invisibles para los médicos, lo que permite realizar intervenciones anticipadas y diagnósticos más precisos. Por ejemplo, los modelos de aprendizaje automático se utilizan para detectar cánceres, predecir enfermedades coronarias y detectar problemas neurológicos como el Alzheimer, lo que permite a los médicos tratar estas afecciones de forma más temprana y tratable. En el futuro, la IA podría utilizarse para crear planes de salud individualizados basados en la composición genética, el estilo de vida y el historial médico de cada persona, ofreciendo una nueva tecnología de medicina de precisión.

La IA también está revolucionando la forma en que operan los equipos, generando nuevas posibilidades de eficiencia, productividad e innovación. En industrias como la manufactura, el transporte y la logística, la automatización impulsada por IA está optimizando las cadenas de suministro, reduciendo el desperdicio y mejorando la toma de decisiones. Los robots y las máquinas inteligentes están asumiendo tareas repetitivas, peligrosas y que consumen mucho tiempo, liberando a los trabajadores humanos para que se concentren en aspectos más complejos e innovadores de sus trabajos. En el ámbito económico, la IA se está utilizando para detectar transacciones fraudulentas, anticipar las tendencias del mercado y ayudar en las estrategias de inversión, permitiendo a las empresas tomar decisiones más informadas y rentables.

Además, la IA está transformando la forma en que interactuamos con la generación en nuestra vida diaria. Desde asistentes digitales como Siri y Alexa hasta sugerencias personalizadas en plataformas como Netflix y Amazon, la IA está mejorando la experiencia del usuario al ofrecer contenido y servicios a medida. Estos sistemas basados en IA aprenden constantemente de las preferencias y comportamientos de los usuarios, mejorando su precisión y eficacia con el paso de los años. En el ámbito educativo, la IA tiene la capacidad de crear informes de aprendizaje personalizados para los estudiantes, adaptándose a sus fortalezas y debilidades individuales y ayudando a cerrar brechas educativas en el sector.

Además de mejorar el rendimiento y la productividad, la IA tiene la capacidad de abordar varios de los desafíos internacionales más urgentes de la humanidad. En la lucha contra el cambio climático, los modelos impulsados por IA pueden utilizarse para predecir patrones ambientales, optimizar el consumo energético y crear prácticas agrícolas más sostenibles. Los algoritmos de aprendizaje automático se utilizan para monitorizar la deforestación, rastrear las poblaciones de fauna silvestre y reducir las emisiones de carbono, lo que contribuye a mitigar el impacto ambiental de las actividades humanas. La IA también puede contribuir a la respuesta ante catástrofes, utilizando análisis predictivos para ayudar a los gobiernos y a las agencias de recursos a responder de forma más eficiente a desastres naturales como huracanes, terremotos e incendios forestales.

Si bien las posibilidades que ofrece el uso de la IA son enormes, los peligros que plantea son igualmente profundos. Uno de los problemas más urgentes es su capacidad para exacerbar la desigualdad social. A medida que las tecnologías de IA siguen mejorando, existe un creciente peligro de que sus beneficios se concentren en unas pocas grandes corporaciones o países ricos, dejando atrás a las comunidades marginadas y a los países menos avanzados. Esta "brecha de la IA" podría ampliar la brecha entre ricos y pobres, creando una nueva forma de desigualdad basada en el acceso a la tecnología avanzada. Quienes no tienen acceso a la atención médica, la educación o las oportunidades financieras basadas en la IA podrían quedar aún más rezagados, lo que generaría mayores disparidades sociales y económicas.

Otro riesgo importante es la posibilidad de desempleo masivo debido a la automatización de empleos. A medida que la tecnología de IA se vuelve más sofisticada, la variedad de obligaciones que pueden automatizarse aumenta, probablemente desplazando a millones de empleados en todo el mundo. Sectores como la manufactura, la atención al cliente e incluso algunos componentes de la salud y el derecho ya están experimentando pérdidas de empleos debido a la automatización. Si bien la IA tiene la capacidad de crear nuevos empleos, estos roles pueden requerir habilidades que las personas desplazadas no poseen, lo que genera un desajuste entre la oferta y la demanda de trabajo. Esto debería provocar desempleo masivo y malestar social hasta que se implementen programas adecuados de capacitación y reciclaje profesional en la región para ayudar a las personas a adaptarse a nuevas carreras.

La IA también genera importantes preocupaciones éticas, principalmente en áreas como la privacidad, la vigilancia y la toma de decisiones. A medida que los sistemas de IA se integran más en la vida cotidiana, recopilarán grandes cantidades de datos sobre las personas, incluyendo decisiones personales, comportamientos e incluso datos sensibles, como datos científicos o reputación económica. Esto genera inquietud sobre la seguridad de los datos y la posibilidad de uso indebido de los registros personales. Además, el creciente uso de la IA en sistemas de vigilancia aumenta las dudas sobre la privacidad y la capacidad de los gobiernos autoritarios para revelar y manipular la vida de los ciudadanos.

El uso de la IA en técnicas de toma de decisiones, en particular en áreas como la justicia penal, la contratación y los préstamos, también plantea importantes dilemas éticos. Los algoritmos de IA son tan independientes como los registros con los que se entrenan, y si estos registros presentan sesgos sociales, las estructuras de IA pueden perpetuar o incluso aumentar la discriminación. Por ejemplo, se ha demostrado que las herramientas de reclutamiento impulsadas por IA priorizan a los candidatos masculinos sobre las mujeres en ciertos sectores, mientras que la IA utilizada en los sistemas de justicia penal también puede afectar de forma desproporcionada a las agencias que trabajan con minorías. Garantizar que los sistemas de IA sean justos, transparentes y sin sesgos es una tarea crucial que debe abordarse para evitar que estas tecnologías refuercen las desigualdades existentes.

Otro riesgo asociado con la IA es la pérdida de control sobre estructuras autosuficientes. A medida que la IA se vuelve más avanzada, existe una creciente dificultad en torno a la capacidad de las máquinas para operar sin supervisión humana. Ya se están implementando vehículos autónomos, drones o incluso estructuras navales en aplicaciones globales reales ; sin embargo, la pérdida de la intervención humana plantea preguntas cruciales sobre la responsabilidad. Si un dispositivo autónomo toma una decisión que resulta en daños o perjuicios, ¿quién es responsable? ¿El fabricante? ¿El desarrollador? ¿El operador? Estas preguntas deben abordarse para garantizar que la tecnología de IA se utilice de forma precisa y ética.

Finalmente, la capacidad de una IA superinteligente (máquinas que superan la inteligencia humana) plantea riesgos existenciales para la humanidad. Si bien este escenario aún es especulativo, muchos profesionales en el campo de la IA han advertido sobre los peligros de desarrollar estructuras superinteligentes que podrían operar fuera del control humano. Una IA superinteligente podría tomar decisiones que no se ajusten a los valores humanos, lo que representa un riesgo para la supervivencia de la humanidad. Si bien esta situación aún está lejos de hacerse realidad, es fundamental recordar las implicaciones a largo plazo de la IA y tomar medidas para garantizar que se desarrolle de forma responsable.

El futuro de la IA ofrece oportunidades inigualables y riesgos considerables. Para aprovechar al máximo el potencial de la IA y minimizar sus riesgos, es fundamental adoptar un enfoque equilibrado que priorice el desarrollo responsable, las cuestiones éticas y el impacto social. Los responsables políticos, los tecnólogos y los especialistas en ética deben colaborar para crear marcos que promuevan la transparencia, la equidad y la rendición de cuentas en el desarrollo de la IA.

Las medidas clave para mitigar los riesgos asociados con la IA incluyen invertir en programas de formación y capacitación para preparar a los trabajadores para el mercado de los procesos de conversión, imponer sólidas protecciones de la privacidad para proteger la información privada y desarrollar directrices globales para garantizar que las tecnologías de IA se desarrollen y utilicen en estrategias que beneficien a toda la humanidad. Además, la investigación en IA debe centrarse en el desarrollo de sistemas claros, explicables y libres de sesgos, garantizando que las tecnologías de IA se ajusten a los valores y aspiraciones humanos.

El destino de la IA dependerá de cómo la sociedad la moldee. Si se gestiona adecuadamente, la IA tiene el potencial de transformar el mundo para mejor, mejorando la atención médica, la educación y el medio ambiente. Sin embargo, para aprovechar plenamente estos beneficios, es fundamental afrontar los riesgos y las dificultades que plantea la IA, garantizando que sirva a los grandes intereses de la humanidad y contribuya a un futuro más equitativo, justo y sostenible.

8.2. Investigación avanzada en IA

El campo de la inteligencia artificial (IA) está evolucionando a un ritmo excepcional, y a medida que las habilidades en IA siguen creciendo, también lo hace el alcance de sus estudios. Los estudios avanzados de IA están expandiéndose a numerosos dominios, desde la exploración teórica hasta aplicaciones prácticas en diversas industrias.

En el centro de los estudios de IA se encuentra la búsqueda de algoritmos, modelos y marcos de trabajo más avanzados que puedan simular la cognición humana y más allá. Las mejoras teóricas son cruciales para optimizar la eficiencia y la capacidad de las estructuras de IA para investigar, razonar y tomar decisiones. Un área clave de investigación es el desarrollo de modelos de aprendizaje profundo más potentes, que pueden diseñarse para imitar las redes neuronales del cerebro. Estos modelos ya han revolucionado campos como la popularidad de imágenes, el procesamiento del lenguaje natural y los algoritmos de apuestas deportivas, pero los investigadores trabajan constantemente para mejorar su capacidad para reconocer patrones estadísticos complejos.

Otro aspecto esencial de la investigación en IA es el estudio del aprendizaje por refuerzo, que permite a las máquinas aprender interactuando con su entorno y recibiendo retroalimentación. Este aprendizaje por refuerzo ha demostrado ser prometedor en diversos campos, como la robótica, donde las estructuras de IA aprenden a realizar tareas complejas como caminar, volar o ensamblar dispositivos mediante ensayo y error. Este enfoque también se ha utilizado para optimizar estrategias de juego, como AlphaGo, que derrotó a campeones humanos en el histórico juego de mesa Go. El objetivo de la investigación del aprendizaje por refuerzo es lograr que las máquinas sean más adaptables y autosuficientes, permitiéndoles resolver tareas en tiempo real y mejorar su rendimiento con el paso del tiempo.

Asimismo, se están realizando investigaciones para desarrollar redes neuronales más eficientes y escalables que puedan procesar grandes cantidades de información con mucha menos energía computacional. Las estructuras de IA requieren grandes cantidades de datos y recursos para su entrenamiento, lo cual puede ser costoso y consumir mucho tiempo. Los avances en áreas como las redes neuronales dispersas, la computación cuántica y la optimización del hardware son cruciales para superar estos desafíos y hacer que los sistemas de IA sean más accesibles y rentables.

Una de las áreas más ambiciosas y controvertidas de los estudios de IA es la búsqueda de la Inteligencia Artificial General (IAG), que se refiere a un dispositivo con el potencial de comprender, investigar y procesar información en una amplia gama de tareas, similar a la inteligencia humana. La IAG sigue siendo un objetivo teórico, y si bien las estructuras de IA de vanguardia destacan en tareas específicas y especializadas, carecen del poder y la adaptabilidad de la cognición humana. La investigación en IAG se centra en el desarrollo de algoritmos y arquitecturas que puedan examinar y generalizar la información de forma que las máquinas puedan realizar cualquier tarea intelectual que un humano pueda realizar.

Este estudio se enfrenta a retos enormes, en particular al replicar los enfoques complejos y matizados de la concepción, las creencias y la toma de decisiones humanas. A diferencia de las estructuras de IA especializadas que destacan en un solo dominio, la IA general podría requerir un conocimiento más profundo del ámbito, la capacidad de razonar de forma abstracta y la capacidad de autosuperación. Los investigadores de este campo investigan cómo construir estructuras de IA capaces de razonar, resolver problemas y aprender de forma autónoma en entornos dinámicos. Algunas de las técnicas más destacadas incluyen arquitecturas cognitivas, razonamiento simbólico y modelos híbridos que combinan el aprendizaje profundo con enfoques simbólicos.

La capacidad de la IA general aumenta tanto el placer como la situación. Si bien puede generar innovaciones y avances revolucionarios, también presenta riesgos significativos, especialmente en el ámbito de la seguridad y el control. Una IA general superinteligente podría querer superar la inteligencia humana, tomando decisiones que las personas no pueden realizar o esperan, lo que genera cuestiones morales, penales y existenciales. Como resultado, gran parte de los estudios modernos sobre IA general se centran no solo en el desarrollo de la IA general en sí, sino también en la creación de marcos para alinear la IA general con los valores humanos y garantizar su integración segura en la sociedad.

La integración de la IA con la robótica es una de las áreas más prometedoras de investigación superior, con paquetes de capacidades en diversos sectores, como la manufactura, la salud, el transporte y la exploración espacial. Los investigadores en robótica trabajan en el desarrollo de robots de vanguardia capaces de comprender su entorno, tomar decisiones e interactuar con las personas de forma significativa. Estos robots están diseñados para operar de forma autónoma, utilizando la IA para navegar en entornos complejos, realizar tareas y adaptarse a situaciones cambiantes.

En el campo de los vehículos autónomos, la IA desempeña un papel fundamental al permitir que estos vehículos circulen por las carreteras de forma segura sin intervención humana. Los investigadores están desarrollando sistemas de percepción avanzados que permiten a los vehículos detectar obstáculos, reconocer señales y señales de tráfico, y tomar decisiones instantáneas basadas en información en tiempo real. El desarrollo de drones autónomos impulsados por IA también está experimentando un rápido crecimiento, con aplicaciones que van desde la entrega de mercancías hasta la vigilancia o el apoyo en la respuesta ante catástrofes.

La robótica también está avanzando en el ámbito clínico, donde se están desarrollando robots quirúrgicos con IA para facilitar enfoques complejos. Estos robots pueden trabajar con una precisión asombrosa, reduciendo el riesgo de errores humanos y mejorando los resultados del paciente. Además, la IA se está utilizando para crear robots que puedan brindar asistencia a personas mayores o con discapacidad, ayudándolas con tareas como la movilidad, la comunicación y las actividades deportivas cotidianas.

En la exploración espacial, se utilizan robots y drones impulsados por IA para explorar planetas, lunas y asteroides distantes. Estos sistemas autosuficientes pueden realizar experimentos médicos, recopilar datos o incluso realizar tareas de mantenimiento en naves espaciales. Se prevé que la integración de la IA en la robótica mejore significativamente la capacidad de la humanidad para descubrir e interactuar con entornos demasiado peligrosos o remotos para la presencia humana.

Una de las fronteras más prometedoras en la investigación de la IA es la intersección de la inteligencia artificial y la computación cuántica. La computación cuántica aprovecha las ideas de la mecánica cuántica para realizar cálculos que serían imposibles o requerirían demasiado tiempo para las computadoras clásicas. Con su potencial para procesar grandes cantidades de datos simultáneamente, la computación cuántica es muy prometedora para acelerar la investigación de la IA y permitir que las máquinas resuelvan problemas que actualmente están fuera de su alcance.

El aprendizaje automático cuántico es un campo en rápida expansión que busca combinar el poder de la computación cuántica con técnicas avanzadas de IA. Los investigadores están explorando cómo se pueden utilizar los algoritmos cuánticos para mejorar los modelos de aprendizaje automático, optimizar el análisis de datos y optimizar el rendimiento de la IA. Si bien las computadoras cuánticas aún se encuentran en sus primeras etapas, los avances en este campo deberían acelerar drásticamente el aprendizaje de modelos de IA, resolver problemas de optimización con mayor eficacia y permitir que las estructuras de IA analicen conjuntos de datos más grandes con mayor precisión.

La computación cuántica también podría enriquecer la capacidad de la IA para simular estructuras complejas, como moléculas, procesos orgánicos y sistemas a gran escala. Esto debería generar avances en el descubrimiento de fármacos, la ciencia de las sustancias y la modelización meteorológica, entre otros campos. La convergencia de la IA y la computación cuántica representa una vía prometedora para futuros estudios, con el potencial de revolucionar ambos campos simultáneamente.

A medida que la IA continúa mejorando, los desafíos morales y regulatorios se vuelven más complejos y urgentes. La investigación en ética de la IA explora la manera de garantizar que los sistemas de IA se desarrollen y utilicen de forma coherente con los valores humanos y las normas sociales. Un aspecto clave del reconocimiento es la equidad y el sesgo, ya que las estructuras de IA pueden perpetuar inadvertidamente las desigualdades existentes si se basan en datos sesgados. Los investigadores trabajan en el desarrollo de algoritmos claros, explicables y responsables, garantizando así que las decisiones de IA sean comprensibles y fiables.

Además de la equidad, la privacidad es un tema importante en los estudios de IA. A medida que los sistemas de IA se integran más en la vida cotidiana, acumulan cantidades considerables de datos, lo que plantea interrogantes sobre cómo se recopilan, almacenan y utilizan los datos personales. Los investigadores trabajan en el desarrollo de técnicas de IA que preserven la privacidad, como el aprendizaje federado, que permite procesar datos sin compartirlos ni almacenarlos en servidores centralizados, preservando así la privacidad del usuario y permitiendo el aprendizaje de las estructuras de IA.

Otro campo de estudio importante es el desarrollo de marcos regulatorios para la IA. Los responsables políticos y los investigadores colaboran para crear leyes y directrices que rijan el desarrollo, la implementación y el uso de la tecnología de IA. Estos marcos buscan garantizar que la IA se desarrolle de forma precisa, ética y responsable, considerando los riesgos para la capacidad y los efectos sociales. A medida que las tecnologías de IA se vuelvan más eficaces y se integren en la vida cotidiana, la necesidad de una regulación sólida aumentará.

La investigación avanzada en IA está explorando algunas de las fronteras más interesantes y transformadoras del conocimiento y la tecnología. Desde las mejoras teóricas en el aprendizaje automático hasta la integración de la IA con la robótica, la computación cuántica y cuestiones éticas, el campo de los estudios de IA está en rápida expansión y posee un gran potencial. Sin embargo, estos avances conllevan desafíos de gran envergadura que deben abordarse para garantizar que la IA sea avanzada y se utilice de forma responsable. El futuro de la IA dependerá de cómo se gestionen estos desafíos y de cómo investigadores, legisladores y la sociedad en general colaboren para garantizar que la IA sirva a los intereses superiores de la humanidad.

8.3. La humanidad y las máquinas: un futuro unificado

El destino de la humanidad y la generación está intrínsecamente relacionado, y el rápido desarrollo de la inteligencia artificial (IA) y la robótica está ampliando los límites de lo viable. A medida que estas tecnologías evolucionan, nos adentramos en una era en la que la diferencia entre seres humanos y máquinas se difumina cada vez más. La percepción de un destino unificado, donde seres humanos y máquinas coexisten simbióticamente, ofrece tanto oportunidades emocionantes como situaciones profundamente desafiantes.

La convergencia de la inteligencia humana con los sistemas sintéticos marca un cambio crucial en la trayectoria de la civilización. La IA, impulsada por algoritmos y extensas unidades de datos, se está integrando cada vez más en nuestra vida cotidiana, mejorando la eficiencia en la atención médica, la educación, el transporte y más allá. Mientras tanto, los avances en robótica y automatización permiten que las máquinas realicen tareas físicas que antes estaban reservadas a los seres humanos. A medida que estas tecnologías sigan evolucionando, la humanidad deberá redefinir su relación con las máquinas y considerar cómo esta nueva generación moldeará nuestra identidad, economía y cultura.

Una de las formas más tangibles de integración entre personas y máquinas es mediante el perfeccionamiento de los cíborgs, seres que integran aditivos biológicos y sintéticos. Los avances en biotecnología, interfaces neuronales y robótica permiten a los seres humanos mejorar sus capacidades físicas y cognitivas. Desde prótesis que reparan extremidades disfuncionales hasta implantes neuronales que mejoran las capacidades mentales, las oportunidades de desarrollo humano son considerables.

Las interfaces cerebro-dispositivo (BMI), por ejemplo, permiten la comunicación directa entre la mente humana y las computadoras. Esta generación tiene el potencial de revolucionar los tratamientos científicos para afecciones como la parálisis, los problemas neurológicos y la pérdida de memoria. Las BMI deberían permitir a las personas manipular máquinas con la mente, abriendo un nuevo nivel de interacción con la tecnología. A medida que estas tecnologías evolucionen, propiciarán un futuro en el que las capacidades humanas se extenderán más allá de los límites orgánicos, creando una especie híbrida humano-dispositivo.

Sin embargo, esta integración de la biología y la generación plantea interrogantes morales y filosóficos. ¿Qué implica ser humano cuando nuestros cuerpos y mentes pueden ser mejorados o modificados por máquinas? La distinción entre lo orgánico y lo sintético se vuelve cada vez más difícil de definir, y la sociedad deberá abordar cuestiones de equidad, acceso e identidad en esta nueva era de desarrollo humano.

A medida que las estructuras de IA se vuelven más sofisticadas, comienzan a imitar o incluso superar las capacidades cognitivas humanas en ciertas áreas. La capacidad de la IA para procesar cantidades considerables de información, reconocer estilos y realizar predicciones ya se está aprovechando en campos como la salud, las finanzas y los estudios clínicos. Los algoritmos de aprendizaje automático pueden analizar imágenes médicas con mayor precisión que los médicos humanos, predecir tendencias del mercado bursátil e incluso ayudar a desarrollar nuevos medicamentos y materiales.

En un futuro próximo, contaremos con que la IA se integre mejor en la cognición humana. Los implantes neuronales y las mejoras cognitivas impulsadas por la IA podrían permitir a las personas fortalecer sus capacidades intelectuales, acceder a grandes cantidades de datos de forma instantánea y mejorar la memoria y la toma de decisiones. La idea de la "simbiosis cognitiva" entre humanos e IA sugiere un futuro en el que nuestros cerebros y máquinas colaboren fluidamente, fomentando un aprendizaje, una creatividad y una resolución de problemas más eficientes.

Esta fusión de la inteligencia humana y la inteligencia de los dispositivos debería dar lugar a una forma de inteligencia colectiva que trascienda las barreras individuales. Al aprovechar la IA para ampliar la cognición humana, la sociedad podría resolver complejos desafíos internacionales, desde el cambio climático hasta la desigualdad social. La capacidad de colaboración entre los seres humanos y la IA abre nuevas posibilidades para la innovación, el intercambio de conocimientos y el desarrollo intelectual.

Sin embargo, el auge de la IA también plantea problemas relacionados con la falta de autonomía y capacidad de iniciativa humanas. A medida que las máquinas se vuelven más inteligentes y eficaces, existe el riesgo de que las personas se vuelvan excesivamente dependientes de la tecnología, lo que conlleva una falta de pensamiento crítico y capacidad de toma de decisiones. La sociedad debe encontrar un equilibrio entre aprovechar el potencial de la IA y preservar la esencia de la creatividad, el instinto y la autoconciencia humana.

A medida que la IA y la robótica se adaptan, su integración en el personal y la sociedad en general podría tener profundas implicaciones para las estructuras y relaciones sociales. Uno de los desafíos más importantes podría ser cómo la sociedad se adapta a la naturaleza cambiante del trabajo. La automatización y la tecnología impulsada por la IA tienen la capacidad de reemplazar el trabajo humano en muchos sectores, desde la producción hasta la atención al cliente, lo que plantea interrogantes sobre el futuro del empleo y la estabilidad financiera.

El auge de la IA también puede impulsar la aparición de nuevas industrias y oportunidades de colaboración entre personas y máquinas. Por ejemplo, la IA debería potenciar la capacidad de las personas al asumir tareas repetitivas, arriesgadas o que requieren mucho tiempo, permitiéndoles centrarse en iniciativas más innovadoras y estratégicas. Sin embargo, la transición a una sociedad donde las máquinas desempeñen un papel más importante en el sistema financiero requerirá nuevas políticas y marcos para abordar problemas como el desplazamiento de procesos, la desigualdad de ingresos y la redistribución de la riqueza.

Además de su efecto en la pintura, la IA tiene la capacidad de transformar nuestra forma de interactuar. Los robots sociales y los asistentes virtuales ya se están volviendo comunes en hogares y lugares de trabajo, y la IA se está integrando en las estructuras de las redes sociales, la introducción de contenido y el entretenimiento. A medida que las máquinas se vuelvan más capaces de comprender las emociones y las señales sociales humanas, desempeñarán un papel más importante en la configuración de nuestras interacciones y relaciones sociales.

Esta relación en evolución entre humanos y máquinas plantea importantes preguntas sobre la privacidad, la fe y la ética. ¿Cuánta parte de nuestra vida personal debe compartirse con los sistemas de IA y cómo podemos garantizar que las máquinas respeten nuestra autonomía y privacidad? ¿Qué requisitos éticos deberían guiar el desarrollo y el uso de la IA en contextos sociales? A medida que las máquinas se integren más en nuestras vidas, la sociedad necesitará desarrollar un nuevo contrato social que defina el papel de la IA y garantice que se utilice de forma que beneficie a toda la humanidad.

El destino de la humanidad y las máquinas no es la oposición, sino la colaboración. A medida que la IA y la robótica siguen evolucionando, debemos incluir la posibilidad de un futuro donde las personas y las máquinas colaboren para resolver los problemas más urgentes del sector. En lugar de temer el auge de las máquinas, debemos verlo como una oportunidad para ampliar nuestras capacidades y abrir nuevas fronteras de comprensión, creatividad y progreso.

Para alcanzar este destino unificado, la sociedad debe centrarse en la creación de marcos que garanticen el desarrollo y el uso responsables de la IA y otras tecnologías avanzadas. Esto incluye invertir en formación e investigación, fomentar la colaboración entre humanos y máquinas, y abordar los desafíos éticos y sociales que conllevan estas mejoras. De este modo, crearemos un futuro en el que las personas y las máquinas coexistan en armonía, potenciando mutuamente sus fortalezas y capacidades.

La convergencia de la humanidad y la tecnología ofrece grandes promesas para el futuro, pero también exige una atención cuidadosa y la elaboración de planes. A medida que avanzamos hacia esta nueva era, debemos mantenernos vigilantes para garantizar que la IA y las máquinas sirvan a los intereses de la humanidad y contribuyan a un mundo más equitativo, sostenible y justo. El futuro de la humanidad y las máquinas se considera un futuro de progreso compartido, en el que ambos trabajan juntos para construir un mundo mejor para las generaciones venideras.

8.4. Generando confianza en los sistemas de IA

A medida que la inteligencia artificial se integra cada vez más en factores importantes de la sociedad, desde la atención médica y las finanzas hasta las estructuras judiciales y los vehículos autónomos, fomentar la confianza en las estructuras de IA se convierte en una necesidad esencial. La confianza no es solo un subproducto de una generación eficaz; es fundamental para la amplia adopción, popularidad y despliegue ético de la IA. Sin embargo, incluso las IA más avanzadas responden al rechazo de riesgos, el uso indebido o los daños accidentales. La tarea de generar confianza es multifacética y abarca la solidez técnica, la transparencia, la equidad, la responsabilidad y el diseño centrado en el ser humano.

Uno de los elementos centrales para establecer un consenso es la transparencia. Los sistemas de IA, en particular aquellos basados en modelos complejos como las redes neuronales profundas, suelen funcionar como "contenedores negros" donde sus métodos internos de toma de decisiones son opacos para los usuarios e incluso para los desarrolladores. Esta opacidad socava la confianza en sí mismos, ya que las partes interesadas no pueden afirmar fácilmente cómo las entradas se traducen en resultados ni por qué se tomaron decisiones positivas. Los esfuerzos en IA explicable (XAI) buscan abordar esto mediante el desarrollo de técnicas que ofrezcan justificaciones comprensibles para el comportamiento de la IA.

Por ejemplo, los modelos pueden destacar qué funciones motivaron un análisis clínico o por qué se denegó una solicitud de préstamo. La transparencia permite a los usuarios sentirse informados y seguros de que las estructuras de IA funcionan de forma fiable y eficiente.

La equidad y la mitigación de sesgos también son importantes para generar confianza. Los sistemas de IA capacitados con datos sesgados o no representativos pueden perpetuar o ampliar las desigualdades sociales existentes, lo que genera resultados discriminatorios en la contratación, la vigilancia policial, los préstamos o el acceso a servicios. Detectar, medir y corregir sesgos requiere una evaluación y validación rigurosas en diversas poblaciones y casos de uso. La participación de equipos multidisciplinarios —que incluyen especialistas en ética, ciencias sociales y grupos afectados— en el proceso de desarrollo de la IA garantiza que las estructuras se diseñen considerando la equidad como una prioridad. Demostrar un compromiso con el trato equitativo fomenta la confianza entre usuarios que, de otro modo, temerían la marginación.

Otro pilar del consenso es la responsabilidad. Los usuarios deben comprender quién es responsable de las acciones y los efectos de los sistemas de IA. Unos mecanismos claros de responsabilidad implican la definición de marcos de responsabilidad legal para los desarrolladores, implementadores y operadores de IA. Esto incluye protocolos para la auditoría de sistemas de IA, mecanismos de reparación para las personas perjudicadas y supervisión regulatoria. La rendición de cuentas implica garantizar que las estructuras de IA cumplan con los requisitos éticos y penales, y que existan consecuencias por el uso indebido o la negligencia. Cuando las partes interesadas reconocen que la IA opera dentro de un marco de responsabilidad, aumenta la confianza en su fiabilidad y protección.

La protección de la seguridad y la privacidad también sustenta la confianza en la IA. Los usuarios necesitan garantías de que sus datos se gestionan de forma segura y confidencial, de que los sistemas de IA son resistentes a los ataques y de que sus datos personales no serán explotados. Implementar sistemas robustos de gobernanza de datos, cifrado y aprendizaje automático que preserven la privacidad, incluyendo la privacidad diferencial o el aprendizaje federado, facilita la protección de los derechos de los usuarios. El intercambio transparente de información sobre prácticas de datos y funciones de seguridad también aumenta la confianza.

El diseño orientado al ser humano es fundamental para fomentar la aceptación. Las estructuras de IA deben diseñarse teniendo en cuenta los deseos, valores y contextos de los clientes, lo que permite una interacción intuitiva y un control significativo. Los usuarios deben ser capaces de comprender, cuestionar y anular las decisiones de la IA cuando sea necesario.

La incorporación de mecanismos de comentarios que permitan a los clientes registrar errores o sesgos permite el desarrollo continuo y crea una experiencia de colaboración entre humanos y máquinas. La confianza se cultiva mientras los clientes se sienten respetados, informados y empoderados.

Además, la educación y la participación pública desempeñan un papel importante. Muchos clientes carecen de un conocimiento profundo del funcionamiento de la IA, lo que puede generar escepticismo o expectativas poco realistas. Las campañas de alfabetización pública, la comunicación transparente entre los desarrolladores y los diálogos inclusivos sobre las ventajas y los riesgos de la IA ayudan a desmitificar esta era. Cuando las personas comprenden lo que la IA puede y no puede hacer, y cómo se gestiona, es mucho más probable que desarrollen una comprensión informada de la misma.

Los estándares y certificaciones de la industria se están convirtiendo en herramientas prácticas para establecer la confianza. Las auditorías de terceros, el cumplimiento de las normas éticas establecidas y las certificaciones de seguridad y equidad de la IA pueden servir como indicadores de calidad y fiabilidad. De forma similar a cómo las etiquetas de seguridad alimentaria o las clasificaciones financieras influyen en las decisiones de los compradores, las certificaciones de IA ayudan a los clientes y a las empresas a determinar la fiabilidad de los productos de IA.

Finalmente, la confianza en la IA es dinámica y debe adquirirse y mantenerse continuamente. A medida que las estructuras de IA evolucionan, pueden surgir nuevas vulnerabilidades, sesgos o resultados accidentales. Por lo tanto, el seguimiento, la actualización y la transparencia continuos respecto a los cambios son cruciales. La confianza se fortalece cuando las agencias demuestran un compromiso a largo plazo con las prácticas éticas y la comunicación abierta.

Generar confianza en los sistemas de IA es un proceso complejo y continuo que requiere innovación técnica, rigor ético y un compromiso real con la sociedad. Al priorizar la transparencia, la equidad, la responsabilidad, la protección y un diseño centrado en el ser humano, las partes interesadas pueden crear tecnologías de IA que no solo funcionen bien, sino que también fomenten la confianza en sí mismas y promuevan una colaboración significativa entre humanos y máquinas. Esta confianza es la base sobre la que se puede descubrir de forma correcta y equitativa el potencial transformador de la IA.

www.ingramcontent.com/pod-product-compliance
Lightning Source LLC
Chambersburg PA
CBHW070943050326
40689CB00014B/3327